대한민국에서 강사로 산다는 것

대한민국에서

강사로 산다는 것

강래경 지음

페이퍼로드
paperroad

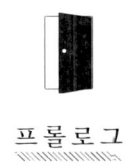

프롤로그

강사의 문을 두드리는 당신에게

1988년 9월, 마포에 있는 한 다방에서 면접을 보았다. 지도 교수가 추천한 자리였기에 당락과 상관없는 형식적인 만남이었지만 사회인이 된다는 설렘과 불안 때문인지 긴장감이 상당했다. 그때 내가 처음 마주한 '사회'라는 세계는 머릿속 상상과는 너무나 딴판이었다.

면접을 본 뒤 첫 출근 날, 사무실에 들어서니 일고여덟 사람들이 둘러앉아 있었다. 한 사람은 상무, 또 한 사람은 부장, 나머지는 과장, 대리, 여사원이라고 했다. 그게 회사 인원의 전부였다. 텔레비전에서 보면 회사마다 여러 부서가 많기에 여기도 그중 하나의 부서라고 생각했는데 규모가 작은 회사였다.

주변에서는 졸업 전에 취업한 것을 축하한다면서 "회사 이름은? 하는 일은? 직원은 얼마나 돼?" 하고 묻는데 그럴 때마다 뭐라 대답하기가 난감했다. 특히 교육은 학교에서나 하는 것이고 나이 든 사람이 어린 사람에게 세상을 가르치는 것이라고 여겼던 집안 어른들은 선생도 아니고 나이도 어린 내가 기업체 사람들을 교육시킨다는 게 도무지 이해되지 않는다는 표정이었다.

그래서일까, 한때는 사원증을 목에 걸고 다니는 사람들이 부러웠다. 직장인들은 사진도 촌스럽고 개 목걸이처럼 불편하다고 투덜대지만 보는 이에게는 그 자체가 존재감의 표시이자 안정된 경제력의 징표로 생각되었다. 사원증이 마치 암행어사의 마패처럼 보일 정도였다.

최근 일부 기업에서는 직원들의 자부심을 자극하고 소속감을 고취하기 위해 전문 사진가를 동원하여 모델 같은 사진을 찍는다고 한다. 자신의 좌우명을 적거나 스케치 형식으로 인물을 그리는 등 개성 넘치는 디자인의 사원증도 생겨나고 있다. 사원증은 말 그대로 회사의 일원이어야만 누릴 수 있는 특권이다. 회사를 떠나는 것이 가장 실감날 때가 사원증 반납이라고 하니 직장인에게는 애증의 대상일 것 같다.

그런데 사원증이 있고 없고를 떠나 자신이 원하던 회사에서 일하거나 대학에서의 전공을 살려 일하는 사람이 얼마나 될까. 통계청 자료에 의하면 2013년 대졸자 중 43퍼센트만이 전공과 직업이 일치한다는 결과가 있다. 그러한 점에서 볼 때, 교육학을 전공한 내가 27년간 교육 분야에서 일할 수 있었던 것은 사원증으로는 결코 느낄 수 없는 행복이다. 더구나 세상이 변해 많은 이들이 강사라는 직업을 부러워하고 강사가 되고 싶어하는 모습을 보면 한길을 걸어온 보상이자 행운이라 생각한다.

인생 2막도 대응적으로 살 것인가

같은 일을 하더라도 자신이 선택해서 할 때와 누군가의 강요나 지시로 할 때를 견주어보면 사람의 마음과 태도가 다를 수밖에 없다. 술 한잔하자는 동료의 말에 '예, 아니오'를 분명히 밝혔다면 주도적으로 선택한 것이다. 하지만 결정을 하지 못하고 머뭇거릴 때 "1시간이면 된다, 이런 기회가 자주 있는 것도 아닌데 함께 가자"는 동료의 권유에 마지못해 "그러지 뭐" 대답했다면 대응적 선택을 한 것이다.

주도적으로 선택한 사람은 자신의 의지로 결정했기 때문에 선택한 시간을 더 가치 있게 만들려고 노력한다. 술집 분위기가 마음에 들지 않아도 이곳에 오자고 한 사람을 원망하지 않고 자신들의 대화에 더 집중하는 것으로 문제를 해결한다. 그러나 반강제적으로 온 사람은 후회를 반복한다. '바쁘다고 하고 오지 말걸' '분위기가 뭐 이래' '누가 예약을 한 거야' 등등 지금 이 순간을 거절하지 못한 게 후회스럽고, 이런 상황을 만든 사람이 원망스럽기도 하다.

물론 회사에 매인 상황에서 주도적인 선택을 할 수 있는 기회가 많지는 않다. 그러나 상황을 해석하는 것은 언제나 자기 자신의 몫이다. 예를 들어 우리 기업 교육은 자발적으로 선택하는 경우보다 회사에 의해 요구받는 경우가 대부분이다. 따라서 교육장에 오기까지는 대응적 선택일 수밖에 없다. 그러나 강의가 시작되면 '여기까지 왔으니 직원을 어떻게 이끄는 것이 좋은지 배워보자'라며 태도가 바뀌는 사람이 있는가 하면, 강의가 끝날 때까지 대응적 자세를 풀지 않고 '바빠 죽겠는데 무슨 교육이냐'며 담당자를 원망하고 회사를 비난하며 시간을 낭비하는 사람도 있다.

다니고 싶을 때까지 다니다가 그만두고 싶을 때 언제든지 관둘 수 있는 직장이 있다면 얼마나 좋겠는가. 안타깝게도 현실은 정반대다. 다니고 싶어도 다닐 수 없는 경우도 있고 그만두고 싶어도 미래가 불안해 쉽게 그만두지 못하는 경우도 있다. 불황으로 인한 일시적 위기가 아니라 저성장으로 인한 상시적 위기에 처해 있는 이 시대 많은 이들의 일상이 그러하다.

정년 퇴임이건 다니던 와중에 원치 않는 전직을 고려해야 하건 두 번째 선택만큼은 주도적으로 하기를 권한다. 지금까지 우리는 주변의 조건에 순응하며 살았다. 대부분 사람들은 대학에 들어갈 때도 성적에 맞추거나 부모의 바람에 따라 전공을 선택했을 것이다. 취업할 때도 자신의 적성이나 능력을 생각하기보다 입사 가능한 회사가 우선순위였을 테다. 그토록 원하던 회사에 입사한다고 해도 그게 다가 아니다. 부서 배치나 담당 업무는 운에 달렸기 때문이다. 그럼에도 우리 모두가 이렇게 사는 게 인생이라 위로하며 첫 번째 인생을 무난하게 받아들이며 살아왔다.

그러나 두 번째 인생마저 떠밀려 살 수는 없다. 주도적으로 선택한다면 당장은 경제적 대가가 적더라도 내가 하고 싶은 일을 하게 된다. 상황이 좋아지면 경제적 보상도 충분할 수 있다. 하지만 돈 때문에 원치 않는 일을 대응적으로 선택했다면 의욕이 있을 리 없다. 자칫 상황이 나빠지면 경제적 보상도 얻지 못하는 최악의 삶을 살아야 한다. 꼭 그런 것은 아니겠지만 큰돈을 들여 프랜차이즈 사업에 코가 꿰어 사는 퇴직자를 보면 안타까운 마음이 드는 것도 그 때문이다.

강사라는 직업이 첫 번째 취업의 대안은 아니다

사상 최악의 취업대란인 현실 탓에 젊은이들도 강사 시장을 기웃댄다. 강의를 하기에는 아직 인생의 무게감이 적다 보니 독특한 경험을 밑천으로 책을 쓰고 대중매체의 힘을 빌려 유명해지는 전략을 쓴다. 스스로 IT 기기에 익숙하고 재기 발랄하다고 믿기 때문에 쉽게 강사가 될 수 있을 것이라고 생각한다. 당연히 돈을 많이 벌고 유명해질 거라는 환상도 갖게 된다. 이를 부추기는 사람들 또한 적지 않다.

하지만 전문 작가가 아닌 사람이 한 권의 책으로 대중에게 알려지는 데에는 한계가 있다. 만약 유명해졌다면 책이 아니어도 그렇게 될만한 이야기를 충분히 가진 사람이다. 조선일보와 교보문고가 조사한 바에 의하면 2014년을 기준으로 1년에 1만 부 팔린 신간(수험서, 외국어, 만화 분야는 제외)은 2011년 244종에서 2014년 97종으로 급감했다. 한 출판사 대표는 "1만 부 고지에 오르는 길이 훨씬 가파르게 변했다. 과거 1만 부 책이 요즘은 7000부, 5000부 책은 이제 3000부 규모로 오그라든 느낌"이라며 어려움을 토로한다. 이것이 출판 시장의 현실이라면 '책 써서 유명 강사 되기'는 비즈니스에 불과하다.

강사는 말을 하기 전에 생각을 많이 해야 한다. 책은 생각을 정리한 결과물인 만큼, 강사가 되려는 사람에게 책 쓰기는 좋은 훈련임에 틀림없다. 하지만 생각의 깊이는 자신의 경험과 무관할 수 없다. 일천한 경험에서 비롯한 이야기에 귀 기울이고 영향을 받을 청중은 많지 않다.

또한 강사는 어느 정도 이타적인 면을 지녀야 한다. 그래야 청중을 이해할 수 있고 그들에게 영향을 미칠 수 있다. 자신을 보여주는 데에만 급급한 채 지나치게 과장되고 허황되었다면 그것은 진정한 강의라고 할 수 없다. 강사가 되려는 사람의 욕심일 뿐이다.

이제 막 대학을 졸업한 사람들은 자기 삶을 추스르기에도 벅차다. 자기 삶에 욕심내는 것은 그들의 특권이다. 따라서 제 나이에 맞게 살아보고 더 의미 있는 삶을 고민할 때 강사로 거듭나는 것이 좋다. 당장 취직하기 힘들다는 이유로 강사를 취업의 대안으로 생각한다면, 좀 더 진지하게 생각볼 것을 권하고 싶다.

하지만 첫 번째 인생의 경주에서 경쟁에 상처받고, 더불어 사는 삶이 그리워진 사람들이 두 번째 인생을 선택해야 한다면 강사라는 직업이 답을 줄 것이라 확신한다. 10분 일찍 나오면 30분을 벌 수 있지만 10분 늦으면 30분을 잃어버리는 출근길처럼, 퇴직 준비도 서두르면 서두를수록 여유를 얻을 수 있다. 그럼 이제부터 강사의 삶을 이야기해보자.

\ 목차 \

프롤로그
강사의 문을 두드리는 당신에게 \ 5

1장
강사란 무엇인가
: 행복하다, 강사로 살아갈 수 있어서

매력 있는 삶이다 \ 17 요일은 상관없다 \ 23 나이 때문에 늦지 않는다 \ 28 일과 생활이 하나다 \ 33 틀에 갇혀 살지 않는다 \ 39 아침마다 여행을 떠난다 \ 45 사람들이 나를 알아본다 \ 51

2장
성공하는 강사의 일곱 가지 법칙
: 오래, 잘하려면 이것만은 지켜라

때가 되어야 유명해진다 \ 59 허세가 아니라 '스웰'이다 \ 65 쓴소리도 달게 삼켜낸다 \ 71 버리지 않으면 버려진다 \ 77 시간에 쫓기지 않는다 \ 83 말하는 대로 산다 \ 89 미래를 만들어간다 \ 94

3장
가르치기 전에 강사가 배워야 할 것들
: 청중보다 강사부터 실천하라

세상만사가 그럴 수도 있지 \ 103   사람을 즐겁게 하는 행복 바이러스 \ 109   혼자만 먹으면 배부르지 않다 \ 115   똑같이 생각하지 않기 \ 120   변화를 읽어내는 감각 \ 126   No라고 말할 수 있는 용기 \ 132   결코 마르지 않는 '긍정의 힘' \ 138

4장
강사도 마케팅에 강해야 한다
: 억대 강사는 어려워도 오래 벌기는 쉽다

송해 부럽지 않을 만큼 많이 버는 강사도 있지만 \ 147   강사, 누구나 할 수 있어도 아무나는 안 된다 \ 154   강의도 고객 만족이다 \ 159   징크스를 만들지 않는다 \ 164   느낌 좋은 사람이 된다 \ 170   강사의 첫걸음은 이렇게 떼라 \ 176   강의 주제가 중요하다 \ 182

5장
매력적인 강의 콘텐츠, 이렇게 만든다
: 나를 알리기보다 전할 메시지에 집중하라

깨질 것을 두려워하지 않는다 \ 189   경험만 늘어놓지 않는다 \ 194   재미, 내용, 다음은 무엇? \ 200   가족을 활용한다 \ 205   화룡점정이 필요하다 \ 210   이야기를 만드는 여섯 가지 방법 \ 215   표현에 필요한 여섯 가지 방법 \ 221

6장
명품 강의를 만드는 일곱 가지 기술
: 머리만이 아니라 마음과 몸으로 듣게 하라

강의는 ad lib가 아니다 \ 229   청중부터 파악하자 \ 234   초반 10분이 골든타임이다 \ 240   '있어빌리티'가 필요하다 \ 246   징검다리를 놓자 \ 251   흥미는 계속되어야 한다 \ 255   일방통행은 안 된다 \ 262

에필로그
프로 강사는 돈보다 아름답다 \ 271

1장

강사란 무엇인가

행복하다,

강사로 살아갈 수 있어서

매력 있는 삶이다

주식은 주식회사의 자본을 구성하는 단위로 지금이 아니라 미래를 보고 투자하는 방식이다. 세계 금융의 중심지인 미국 월가에서는 어떤 기업의 미래 가치와 전망을 평가할 때 독특한 자료를 참고한다. 해당 기업에 종사하는 사람들에게 '자녀가 당신의 회사에 입사한다고 하면 어떻게 하겠는가?'라고 물은 뒤 찬성 응답률을 확인하는 것이다.

자녀가 자신보다 멋진 삶을 살기를 바라는 것은 부모들의 한결같은 바람이다. 그런 기준으로 볼 때 자녀가 강사로 살겠다고 하면 말릴 이유가 없다. 하지만 삶의 실전 없이 취업의 대안으로 강사를 선택하는 것은 불안하다.

취업의 대안은 아니다

강사는 다른 사람의 삶에 좋은 영향을 줄 수 있어야 한다. 따라서 자신의 삶조차 제대로 시작하지 못한 사람들이 강사가 되겠다고 하는 것은 말리고 싶다. 자기 자신도 비틀거리면서 다른 사람들에게 똑바로 걷자고 한다면 설득력이 있을 리가 없다.

청춘을 무기로 독특한 경험을 쌓고 그것을 책으로 엮어 이름을 알리는 젊은이들이 늘어간다. 그중 어떤 이들은 기업에서 특강을 하거나 언론에 소개되면서 주목을 끌기도 한다. 그러나 취업이나 창업을 위한 경력이라면 모를까 강사가 되기 위한 스토리 만들기라면 반짝하는 관심에 그치고 말 것이다.

강사에게는 어느 정도의 시행착오가 필요하다. 그래야 청중과 호흡하기가 수월하다. 미혼자가 기혼자의 고민에 공감하기란 쉽지 않고, 실패한 경험이 없는 사람이 좌절한 사람들에게 용기를 주는 것도 어렵다. 모든 것을 경험으로부터 얻지 못한다. 따라서 다른 사람들의 삶을 관찰하고 이해하고 분석할 수 있는 시간이 적지 않게 필요하다.

인생 100세 시대 'Homo Hundred'는 현실이다. 취업에 성공하여 60세까지 정년을 무사히 채운다고 해도 남은 40여 년을 걱정 없이 살 수 있는 사람은 극소수다. 하물며 대학을 갓 졸업한 사람들에게 평생 직업으로 강사를 추천하는 것은 터무니없는 제안이다.

물론 나이가 옛날만큼 중요한 조건은 아니지만 그 나이 때 만날 수 있는 청중은 제한될 수밖에 없다. 강의 주제도 파워포인트 다루는 법이나 소셜 미디어 활용 방안 같은, 기술 기반의 강의로 국한될 수밖에 없다. 리더십, 인간관계, 커뮤니케이션 등은 정보 전달 이전에 다양한 삶의 경험을 바탕으로 한다. 기획력, 문제 해결력, 협상력 역시 실무적인 사례를 필요로 한다. 때문에 20대 후반이나 30대 초반의 강사에게는 무리한 강의 주제다.

　강사로 자리 잡기 위해서는 어느 정도 경제적 투자와 충분한 자기계발의 시간이 필요하다. 그런 문제로부터 자유로울 필요도 있기 때문에 강사라는 직업은 사회 초년생보다는 명예퇴직이나 정년퇴직을 앞두고 있거나 직장 생활이 아닌 제2의 인생을 꿈꾸는 이들에게 적합하다.

　그들은 직장 생활을 통해 충분한 직무 경험을 쌓아왔고, 사람들과 어떻게 일하는 것이 바람직한지에 관한 경험치도 갖고 있다. 굳이 경제적 문제가 아니더라도 60대부터 아무것도 하지 않고 살아가기에는 감당할 시간이 만만치 않게 남아 있다.

　2015년. 한국노인회는 노인의 법적 연령을 70세 이상으로 올리자고 건의했다. 유엔도 65세 이상을 노인 인구로 규정을 하고 있다. 또한 노인老人이란 말이 늙은 사람을 의미하는 부정적인 인상이 강하기 때문에 다른 용어를 선택하고 있다. 일본은 '고년자高年者', 미국은 '선배 시민senior citizen', 중국은 한자가 풍부해서인지 연령대별로 좀 더 다양하게 50대는 '숙년熟年(성숙한 나이)', 60대는 '장년長年(연장자)', 70대는 '존년尊年(존경받는 나이)'이라고 부른다.

살아남은 '한 집'을 꿈꾸는가

요즘은 꾸준한 건강관리와 철저한 이미지 관리로 나이를 가늠할 수 없다. 자기 나이보다 젊어 보이는 '동안'이 경쟁력인 시대다. 그러나 정작 중요한 것은 나이가 아니다. 지금 무엇을 하면서 살고 있는가 하는 점이다.

　퇴직금이나 목돈이 들어가는 일은 조급함과 불안감을 유발할 수 있다. 그나마 이를 최소할 만한 사업이 바로 프랜차이즈다. 그렇지만 빵집이나 치킨집 사장이 되는 것은 지금까지 살아온 자신의 모습에 비해 어딘지 어색하게 느껴진다. 말이 사장이지, 홀과 주방을 커버해야 하는 '올라운드 플레이어'로 거듭나야 한다.

이는 자연스러운 인생 2막이 아니다. 의욕을 갖고 프랜차이즈 창업에 뛰어들었지만 가혹한 경쟁 현실을 버텨내지 못하고 문을 닫는 가게들이 수없이 많기 때문에 '살아남는 한 집'이 되길 기도하며 하루를 시작하고 마감해야 하는 것이다. 그야말로 거센 폭풍우를 뚫고 경착륙해야 하는 비행기와 다름이 없다.

하지만 강사는 망할 것이 없다. 투자된 유형 자산이 크지 않기 때문에 상처 입은 자존심과 자신감만 추스르면 된다. 그리고 시간이 지나면 이런 경험도 강의의 자산이 된다. "요즘 어떻게 지내세요?"라고 묻는 사람들의 안부에도 자신 있게 정체성을 보여줄 수 있다. 일하면서 얻었던 경험들을 청년들과 필요로 하는 사람들과 나누고 있습니다,라고 말이다.

강사로서 정착만 한다면 시간적으로나 경제적으로, 그리고 심리적으로 여유를 즐길 수 있다. 몇 해 전 5월, 제주도에서 일을 마치고 돌아오는 날이었다. 비행기 탑승 시간까지 여유가 있고 마침 결혼 예물로 차고 있던 시계가 오늘내일하던 차여서 면세점 시계 코너를 둘러보았다. 판매원이 내게 다가오더니 누구에게 선물할 거냐고 물었다. 살 생각이 딱히 없던 나는 문득 나 자신에게 시계를 선물하고 싶어졌다. '그래. 고생했으니까 이 정도는 괜찮아.' 사실 선물은 다른 사람에게 받거나 주는 줄로만 알았기에 스스로에게 하는 선물은 생소했다.

하지만 면세 한도 내에서 시계를 호기롭게 구매하고 나니 매우 흡족한 기분이 들었다. 마음먹은 것을 언제든 살 수 있다는 경제적 여유 때문이 아니었다. 청중에게 남들의 칭찬과 인정에 목말라하지 말고 스스로 아끼고 격려하며 삶의 에너지를 보충하라고 강의했는데 말한 대로 살 수 있어서 행복했다.

루이스 캐럴Lewis Carroll의 동화 『이상한 나라의 앨리스Alice in Wonderland』에서 탈출구를 찾던 앨리스가 꾀 많은 고양이 체셔와 대화하는 장면이 나온다.

"어떤 길로 가야 하나요?"
"어디로 가고 싶은데?"
"모르겠어요."
"어디로 가고 싶은지 모르면 어디에도 갈 수 없어!"

지도가 있다고 길을 찾을 수 있는 것은 아니다. 내가 어디에 서 있는지를 아는 것이 먼저다. 마찬가지로, 강사는 제2의 인생을 위한 분명한 대안이다. 그러나 경제적 이유만으로 강사라는 직업을 택하고자 한다면 권하고 싶지 않다. 왜냐하면 그 이유만으로 충족될 수 있는 일이 아니기 때문이다.

요즘 청소년 상당수가 연예인이 되기를 꿈꾼다. 또래 아이들이 누리는 화려함이 부럽기도 하고, 한 번쯤 그런 삶을 살아보고 싶은 이유에서다. 시험 성적과 대학 입학에 꽉 막혀 있는 입시 현실을 벗어날 수 있을 거라는 생각도 클 것이다. 공부보다 춤이 좋고, 노래하고 연기할 때 훨씬 살아 있음을 느낄 수 있기 때문이다. 그러나 단순히 공부가 싫어서 연예인이 되고자 한다면 이도저도 될 수 없다. 어린 시절 친구 따라 강남 가듯 피아노 학원이나 태권도 학원을 다니며 시간을 허비했던 것도 그 때문이다.

27년을 강사로 살다 보니 매력 있는 삶이라는 데 의심의 여지가 없다. 근거도 충분하다. 그러나 마땅한 대안이 없어서 강사가 되려는 사람에게는 그다지 도움이 될 이야기가 아니다.

요일은 상관없다

우리는 월요일부터 금요일까지 열심히 살아간다. 어떤 이의 달력은 월화수목금금금, 주말도 없다. 꼭 해내야 할 목표가 있는 것도 아니다. 아프리카 도유류인 톰슨 가젤이 끝없이 질주하는 이유가 치타의 위협에서 살아남기 위함이듯 우리의 질주도 그런 절박함뿐일지도 모른다. 지하철 도착 신호음이 들려오면 계단을 뛰어 내려가게 되고 초록불이 깜빡이면 자기도 모르게 종종걸음을 치게 된다.

그러다 금요일 밤이 되면 나라 잃은 백성마냥 술을 마시고 밤을 꼴딱 세운다. '불금'이고 '즐금'이다. 꽉 짜인 일과가 반복되는 한 '불월'이나 '즐화'는 없다. 일요일 밤 〈개그콘서트〉의 엔딩 음악을 들으면 괜스레 우울해지고, 월요일 아침이 되면 '월요병'이 시작된다. 새로운 마음으로 활기차게 시작해야 할 월요일은 안드로메다로 사라진 지 오래다.

주말에 과로한 것도 아니고, 심지어 아무것도 하지 않았는데도 몸과 마음이 힘들다. 이유는 간단하다. 쉬기만 했기 때문이다. 주말은 한 주의 마감이자 한 주의 출발이다. 우리는 한 주의 휴식은 신경 쓰는 반면 또 다른 한 주의 준비에는 소홀하다. 지나간 시간을 어루만지는 힐링healing만큼 '지금, 여기'의 시간을 의미 있게 해주는 익사이팅exciting과 행복도 중요하다.

스토리가 없는 삶

그리스어로 시간을 표현하는 말은 크로노스chronos와 카이로스kairos, 두 가지가 있다. 크로노스는 시계에 적힌 숫자로서의 시간이다. 오늘 몇 시간 동안 일했는지가 중요하다면 시간의 가치를 양적으로 따지며 효율성을 중시하는 것이다. 이것이 크로노스다. 성공하려면 적어도 그 분야에서 1만 시간 이상을 투자해야 한다는 것도 크로노스적 발상이다.

반면 카이로스는 '특정한 사건과 연결된 시간'이다. 단순히 몇 시간 일했는지보다 무슨 일을 하려고 그 시간을 사용했는지가 더 중요하다. 시간의 효과성 측면이자 질적 개념이다. 뷔페에서 음식을 몇 접시 먹었느냐가 크로노스적 접근이라면 자신이 좋아하는 음식을 몇 접시 먹었느냐가 카이로스적 접근이다. 시간의 선택과 집중이다.

각각의 의미가 있기 때문에 한 가지 방식으로만 살 수는 없다. 다만 크로노스의 시간만을 살아서는 자신이 원하는 인생에 도달하기 어렵다. 젊은 날의 고생은 사서라도 한다지만 계획되지 않은 고생은 의미 없는 시간일 뿐이다. 하루하루 열심히 살았다면 크로노스의 시간은 알찬 것이겠지만, 돌아보았을 때 다람쥐 쳇바퀴를 돌 듯 살았다고 느낀다면 카이로스의 시간이 없는 셈이다.

하루 24시간을 조개 열심히 살았다고 해도 그 순간들이 모여 의미 있는 시간, 추억할 수 있는 하루가 되는 것은 아니다. 때론 친구와 소주 한 잔하거나 영화를 보며 '심쿵' 했던 순간, 또는 책을 읽으며 진지해졌던 시간이 하루를 더 보람되게 해줄 수 있다. 길게 보면 인생도 마찬가지다. 정해진 시간대로, 정해진 일을 하며 한눈팔지 않고 살았다면 성실한 사람으로 기억되겠지만 그 사람의 인생사는 그것 말고는 특별할 것이 없다.

카이로스는 제으스의 네 번째 아들이자 기회의 신이다. 그리스 조각가 리시도스의 작품 속 카이로스는 특이한 모양을 하고 있다. 앞쪽은 머리카락이 무성한 반면 뒷머리는 털이 없다. 왼손에는 저울을 들고 있고 오른손에는 칼을 쥐고 있다. 어깨와 양발에는 날개가 달려 있다. 조각상을 처음 본 관광객들은 기묘한 생김새 때문에 고개를 갸웃하지만 그 의미를 알고 나면 이내 고개를 끄덕인다고 한다. 설명인즉슨, 기회의 시간이 너무나 빨리 지나간다는 의미로 어깨와 양발에 날개를 만들었다. 머리카락으로 얼굴을 가린 것은 기회를 알아채기가 쉽지 않다는 의미고, 기회를 놓치면 다시 붙잡기 어렵다는 것을 표현하고자 뒷머리 털을 없앴다. 현명하게 잘 판단하라고 왼손에는 저울을, 기회라면 과감하게 결단을 내리라고 오른손에는 칼을 쥐었다.

스스로 선택한 삶을 살자

갈림길에서 하나의 길을 선택하면 나머지 길에 대한 아쉬움이 있게 마련이다. 그렇다고 후회가 두려워 익숙한 길만을 따라간다면 결말을 알고 보는 식상한 내용의 드라마와 같다. 드라마의 묘미는 반전이다. 이제 더는 성실한 거북이가 반드시 토끼를 이기는 세상이 아니다. 한여름 쉬지 않고 일하던 개미가 추운 겨울에 베짱이보다 따뜻하게 지내는 것도 아니다.

많은 사람들이 선택했다면 안정이 보장된 길이지만 그만큼 쉬운 길이기도 하다. 때문에 치열한 경쟁에서 이겨야 한다. 승리를 얻기 위해서는 많은 것을 잃어야 할지도 모른다. 상처뿐인 영광이다. 남편과 아버지 이기를 포기하면서까지 회사 생활에 충실했던 기성세대들의 과거를 보면 그렇다. 결국 남들과 비슷하게 살면서 성공하려면 '더 열심히'를 삶의 모토로 삼아야 한다. 그래도 승리하는 것은 아니다. 아이러니하게도 남들이 나보다 '더 열심히' 살면 질 수밖에 없기 때문이다.

로마의 철학자 세네카seneca는 '기회는 준비가 행운을 만날 때 생기는 것'이라고 했다. 준비 없이는 기회도 없다. 그런데도 걱정만 하고 있다면 카이로스가 옆을 지나가고 있어도 볼 수가 없다. '무엇이 답일까?' 고민 없이 연필만 굴려서 운 좋게 정답을 찾으려고 한다면 인생의 푸념은 계속될 것이다. 하지만 실패를 만회할 기회는 많지 않다. 인생은 단 한 번뿐이기 때문이다.

이제 자신만의 시간을 살자. 카이로스의 머리채를 낚아채서 강사로 살자. 살았던 모든 순간을 추억할 수 있는 삶을 살아보는 거다. 정해진 시간에 남들보다 빨리 정상에 오르려고 땅만 쳐다보며 묵묵히 산을 오른다면, 결국 정상에 올랐다고 해도 추억할 것이 없다. 왜냐하면 본 것이 없기 때문이다. 중턱에서 쉬기도 하고, 다른 사람들과 이야기도 나눠보고, 냇물에 발을 담가도 보자. 정상에 올라야만 산을 가는 것은 아니다.

강사로 살면 크로노스의 클리셰cliché를 깰 수 있다. 클리셰란 진부하고, 판에 박힌 표현이나 오래된 틀이라는 뜻의 문학 용어다. 18세기 프랑스 기자들이 기사를 쓸 때 반복해서 사용하던 문구들을 인쇄 식자공들이 찾기 편하도록 아예 별도로 모아 놓은 활자판을 클리셰라고 부르는 데서 비롯했다.

9시에 출근해서 6시에 퇴근하는 시계추 인생은 너무 기계적이다. 판에 박힌 인생은 재미가 없다. 평균수명이 늘어간다고 해도 직장에서 그 시간을 채워주지 않는다. 그렇다고 미래에 대한 불안으로 현재를 절제하면서 살 수도 없다. 시계 속 숫자를 의식하지 말고 자신의 생각과 감정에 따른 시계 속 숫자를 디자인해보자. 시곗바늘에 얽매인 끈을 끊고 자신만의 스토리를 만들어보면 어떨까.

시간은 모두에게 공평하게 주어졌지만 그 시간이 흐르고 나면 서로 다른 이야기가 남는다. 열심히 살고 열심히 살지 않았기 때문은 아니다. 단지 누군가는 열심히 살아야 할 순간을 알았고, 누군가는 그 순간을 몰랐기 때문이다. 나무에 올라가 열매를 따려고 노력하는 사람도 있고, 그 아래서 입을 벌리고 있는 사람도 있다. 누군가가 따주기를 기다리는 사람도 있다. 세 사람의 크로노스는 똑같을지라도 카이로스는 다르다. 그것이 우리의 인생이다. 오늘과 다름없을 내일은 따분하다. 열심히 살면서도 그 내일을 '무사히'라고 읊조리며 걱정하는 것도 안쓰럽다. 설렘으로 기다려지는 하루하루를 만들자. 내일은 내일의 태양이 떠오른다는 희망도 좋지만 오늘 내 머리 위를 비추는 태양을 즐기자. 그렇다면 오늘이 주말이다. 오늘을 아끼지 말자.

나이 때문에 늙지 않는다

지금은 VUCA 시대다. VUCA는 Volatile(가변적인), Uncertain(불확실한), Complex(복잡한), Ambiguous(모호한)의 머리글자로 90년대 독일 통일, 소련 붕괴 등 급박한 정치 상황을 일컫던 말이다. 지금도 그때처럼 변화무쌍한 세상이라고 하니 누구든, 어디에 있든, 무슨 일을 하든 안전지대는 없다.

실제로 평생직장의 개념이 사라진 지 오래다. 정년을 채우는 것이 신기한 일이 되어버렸다. 육이오(62세까지 일하면 오적), 오륙도(56세까지 일하면 도둑), 사오정(45세가 정년), 삼팔선(38세까지 직장에 다니면 선방)에 이어 조기(조기퇴직), 명태(명예퇴직), 황태(황당한 퇴직)가 될 지경이다.

이렇게 나이와 상관없이 매 순간 정년의 위협에 노출되어 있다 보니 마음이 늙어버린 사람이 많다. '회사를 그만두면 뭘 하지?' '아직 젊으니까 뭐라도 해야 할 텐데' '골치 아프니까 그때 가서 생각하자. 어떻게든 되겠지!'가 현실이라면 당신은 이미 심리적 정년이며, 게임은 끝난 셈이다.

아끼고 포기하고 살면 될까

아침에 등교하기가 싫어 학교에 불이 났으면 하고 바랐던 적이 있다. 그러나 아무리 일하기 싫다고 해도 회사가 잘못되기를 바라지는 않는다. 상사가 꼴 보기 싫다고 일을 일부러 망쳐버리지는 않는다. 회사가 망하거나 일이 잘못되면 자신의 인생에도 문제가 생기기 때문이다.

그러나 무척이나 서글프게도, 회사에 아무 문제가 없어도 개인은 위험할 수 있는 게 바로 우리의 현실이다. 구조 조정이 한 순간의 위기를 극복하기 위한 임시방편이 아니라 기업체질 강화를 위한 상시적인 조치가 되고 있다. 더 많은 사람들을 위해 누군가는 희생해야 하는 생존 게임을 해야 한다.

그나마 게임이라도 해본 사람은 양반이다. 아직 출발선에 대기하고 있는 청춘들이 100만 명이 넘는다. 그들은 취업을 위해서라면 불구덩이라도 뛰어들 기세다. 혹시라도 잡은 기회를 놓치지 않기 위해 인생에서 소중한 것들을 하나하나 포기해간다. 3포 세대(연애, 결혼, 출산을 포기), 5포 세대(인간관계와 집도 포기)에 이어 7포 세대(꿈과 희망마저 잃어버린 세대), 요즘엔 다 포기하고 그냥 숨만 쉬고 살아간다는 N포 세대까지 등장했다.

하지만 현재를 포기한다고 미래가 보장되는 것은 아니다. 주말에 여행을 떠났다가도 일요일 아침이면 서둘러 돌아온다. 집으로 돌아오는 길이 막히기라도 한다면 월요일부터 힘들기 때문이다. 일요일마저 다음 주를 위해 절제해야 한다면 인생의 7분의 6을 포기하는 셈이다. 결국 하루 행복하자고 6일을 투자하는, 밑지는 장사가 우리의 일상이다.

모처럼 친구들과 만나도 '내일 출근해야 하니까 오늘은 여기까지'라는 말에 분위기가 깨진다. '내일 학교 가야 하니까 빨리 자라'던 부모님의 잔소리를 매일매일 자신에게 하고 산다. 자신의 의지로 어찌할 수 없는 거대한 굴레에서 생존하려면 잠이 오지 않아도 자리에 누워야 한다.

'야구는 9회 말 2아웃부터'라며 마지막까지 희망 고문을 하기도 한다. 그러나 홈런 한 방으로 역전해버리는 일이 흔할 리 없다. 결국 절박한 바람은 로또 복권을 사서 허망한 현실을 무마해보려는 행동으로 이어진다. 그래도 운 좋게 정년까지 가는 사람도 있다. 하지만 도착해서 보면 그곳이 끝이 아니다. 다시 그만큼의 시간이 기다리고 있다. '어떻게 되겠지'라는 막연함으로 버텨내기에는 적지 않은 세월이다.

끝낼까, 끝냄을 당할까

당장 눈에 띄는 것이 프랜차이즈 사업이다. 그래서 치킨집이 망한 자리에 다시 치킨집이 생기고, 허울만 사장님이지 프랜차이즈 본사만 배불리는 재주넘는 곰이 될 수밖에 없다. 사실 우리나라에는 자영업자가 너무 많다. 2013년 기준으로 전체 취업자 중 자영업자가 27퍼센트에 달한다. OECD 평균이 16퍼센트고, 우리나라 산업 구조에서는 18퍼센트가 적정 수준이라고 한다. 2018년에는 32퍼센트에 육박할 예정이라니 모두 같이 한 절벽 위에 서 있는 셈이다.

한 동네에 치킨집이 다섯 곳 있으면 적당하다고들 이야기한다. 그러니 여덟 곳이 넘어가면 모두 죽어나갈 수밖에. 5등 안에 들면 살아남을 수 있다고 생각하지만 이는 명백히 오산이다. 하위 3개 점포도 수익을 내지 못하는 것일 뿐 어느 정도 고객은 보유하고 있기에 3등에서 5등의 점포도 경영 상태가 좋을 리 없다. 결국 그 상태가 지속되면 생존을 위해 앞다투어 무리한 마케팅을 하게 된다. 그사이 망한 치킨집에 1~2등을 꿈꾸는 새로운 사장님들이 등장하면서 안정되었던 1~2등 점포도 위협을 받는 처지에 이른다.

1970년대 고도 성장기를 살아온 세대들은 자신들의 삶을 빗대어 젊은이의 나약함을 꾸짖기도 한다. 자신들은 베트남에서, 독일에서, 중동에서 목숨을 걸고 일했고 집은 가끔 다녀오는 곳으로 여겼다고 말한다. 길이 있어 간 것이 아니라 길을 만들어서 갔고, 그런 마음으로 살면 못 할 일이 없다고 한다. 아마도 영화 〈국제시장〉이 1400만 명의 향수를 자극한 것도 그 때문일 것이다. 그만큼 우리의 근현대사는 도전의 기회가 많았다.

하지만 지금은 그때와 다르다. 기업의 성장과 개인의 안위가 일치하지 않는다. 기업은 덩치가 커졌기 때문에 조직에 적응할 개개인만을 필요로 한다. 예전에는 영웅들의 무용담이 의욕을 자극하기도 했지만, 요즘 시대의 개인은 그저 커다란 시스템 속 작은 부품에 불과하다. 스스로를 존중하는 존재감을 잃어가고 쓸모없는 자기 자신을 탓한다. 일주일, 한 달, 일 년을 뛰어봐도 뫼비우스의 띠처럼 제자리로 돌아올 뿐이다.

사실 정년이 없는 일은 없다. 내가 끝내느냐, 타인에 의해 끝맺느냐의 차이다. 스스로 끝내고 싶을 때 끝낼 수 없거나 더 하고 싶어도 그럴 수 없는 상황이라면 삶의 주인은 내가 아니다. 지금처럼 살면 안 된다는 것을 알면서도 외면한다면 무책임에 길들여진 사람이다. 자신의 노력을 다하지 않은 채 꿈만 꾸고 있다면, 복권에 운명을 거는 것과 다를 바 없다.

게임 결과가 불만스러운데 시간이 끝나간다면 피가 마른다. 조금만 더 시간이 있었더라면 하고 미련도 남는다. 하지만 시간 제약 없이 일한다면 내가 하기 싫을 때 끝내면 그만이다. 그리고 게임을 하는 동안은 즐기면서, 매일매일 주말 같은 기분으로 살면 그만이다. 속 편하게 살자는 이야기가 아니다. 타인에게 저당 잡힌 불필요한 제약과 그로 인한 부정적 감정을 날려버리자는 것이다.

강사는 시간을 의식할 필요가 없다. 당연히 시간으로 인한 스트레스를 받을 필요도 없다. 실제로 강사에게 나이는 숫자에 불과하다. 50~60대는 물론이고 90세에도 지혜를 나누는 강사가 있다. 경제적 이유로만 일한다면 고단한 일상이겠지만 인생의 의미를 한 줌 더 움켜쥐기 위한 것이라면 무척 멋진 일이다.

훌쩍 떠나고 싶을 때, 강사는 언제든 떠날 수 있다. 회사에 매여 있는 사람은 그러기 힘들다. 어렵게 시간을 내서 휴가를 내고, 군색한 핑계를 만들어 조퇴를 해야 한다. 실직되지 않았지만 실적이 부진하면 실직될 것을 두려워해야 한다. 한마디로 시한부 인생이다. 월급이 나오지만 실직자의 마음과 다를 것도 없다. 직장에 다니고 있어도 심리적으로는 이미 정년 상태다. 이제 '강퇴' 당할 것을 두려워하지 말고, 인생에서 소중한 것 하나라도 포기하지 말고, 부품이 아닌 온전한 모습으로 살자. 그것이 강사다.

일과 생활이 하나다

이제 막 수술을 마친 의사가 수술실에서 나오자 환자의 아들이 걱정스러운 얼굴로 다가가 묻는다.

"아버님은 얼마나 더 사실까요?"

의사가 심각한 표정으로 입을 뗀다.

"길어야… 40년!"

이 광고는 '100세 시대'를 살아가야 할 오늘의 모습을 압축적으로 보여준다. 70세가 평균수명일 때는 55세까지 열심히 일하고, 그 이후에는 자녀들의 봉양을 받으며 여유로운 인생 2막을 즐기면 됐다. 때문에 일을 할 때는 사적인 삶은 뒷전으로 미루고 철저히 '회사형 인간'으로 살아야 했다. 그러나 정년을 채우는 일이 하늘의 별 따기가 되고, 평균수명이 80세를 훌쩍 넘으면서 이렇게 살기가 힘들어졌다.

평균수명 100세가 현실이 된다면 정년 이후에도 40년을 더 살아야 한다. 설사 경제적으로 여유가 있다 해도 40년을 놀기만 할 수는 없다. 이제는 몇 살까지 일하고, 몇 살부터 쉰다는 구분 자체가 무의미해졌다.

균형이 아니라 통합이다

내가 걷는 길에서 앞서간 이의 흔적을 느낄 수 있다면 마음이 놓인다. 이 정표라도 발견하면 더없이 반갑다. 하지만 무작정 가야 하는 낯선 길은 실제보다 더 멀게 느껴지고 잘못될까 봐 불안하다. 100세 시대를 앞둔 우리가 막막해하는 이유는 그렇게 긴 세월을 살아본 사람이 많지 않기 때문이다. 어떻게 살면 좋은지 참고할 만한 사례나 모델도 없고 확신도 없다. 그저 퇴직 이후에 내리막길 인생이 되지 않기만 바랄 뿐이다.

오랫동안 회사에 익숙해져 있던 사람이 갑자기 자신만의 생활 습관을 창조하는 것은 쉽지 않다. 회사에서 능숙하게 해왔던 일들은 사회에서 그다지 쓸모가 없다. 약간의 수입이라도 있다면 금상첨화겠지만 치킨집이나 빵집 사장님은 어색하다 못해 생소하다. 더구나 퇴직금이라도 날리는 날에는 앞날이 캄캄하다.

그렇다고 고민을 미루기만 해서는 안 된다. 과거와는 딴판으로 살지 않는 연착륙 인생을 지금부터 준비해야 한다. 그런 점에서 강사로서의 삶은 회사를 다니던 모습과 가장 자연스럽게 이어진다. 무엇보다 중요한 점은 일하며 터득한 노하우를 고스란히 후배들에게 가르칠 수 있다는 것이다. 뿐만 아니라 가르치는 직업은 사회적으로도 호의적인 편이기 때문에 지식 분야 종사자로서 당당하게 명함을 내밀 수도 있다.

또한 시대적 상황과 강사의 삶은 무엇보다 잘 어울린다. 끊임없이 공부를 해야 한다는 점에서 자신의 지적 욕구를 충족시키는 동시에 그것을 사회에 전파하면서 현대 사회의 트렌드와 함께 나갈 수 있기 때문이다. 물론 공부라면 학창 시절이 생각나 진저리 칠 수도 있겠지만 미래학자 앨빈 토플러Alvin Toffler의 말을 곱씹어보면 공부를 게을리할 수는 없다. 그는 저서 『부의 미래Revolutionary Wealth』에서 "21세기 문맹은 글을 읽지 못하는 것이 아니라 쓸모없는 지식obsoledge으로 가득 차 있으면서도 재학습하지 않는 사람"이라고 예측했다.

'Obsoledge'는 obsolete(쓸데없는)와 knowledge(지식)을 합성한 신조어로, 급격히 바뀌는 세상에서 자기 경험과 지식만 믿고 사는 것이 얼마나 어리석은 일인지를 빗댄 말이다. 결국 미래 사회에서 살아남으려면 평생 학습하는 자세를 가져야 한다. 실제로 선진국에서는 순환 교육Recurrent Education이라고 해서 회사 생활 도중에도 일정 기간 재학습 기회를 통해 부족한 역량을 채우거나 생각지도 못한 길을 발견하도록 이끄는 시스템을 활성화하고 있다.

그렇다고 학교에서만 공부할 수 있는 것은 아니다. 책 속에 진리가 있겠지만 책 밖에도 지혜는 있다. 남들보다 먼저 새로운 분야에 도전하거나 좋아하는 취미를 전문가 수준으로 끌어올리기 위해 노력한다면 그것 역시 공부다. 책을 읽고, 영화를 보고, 친구들과 여행을 다니면서 색다른 스토리를 만들 수 있다면 이 모든 것이 강사에게는 공부다. 그야말로 삶 자체가 일의 영양소가 되고, 일을 함으로서 삶의 활력소를 공급받게 된다. 일과 삶의 균형을 넘어 일과 삶의 경계를 없앤 통합Integration이 필요하다.

강의를 하기 위해 장시간 제주도에 머문 적이 있다. 제주도 하면 비즈니스보다는 여행지 느낌이 강하다. 비행기 안에도 넥타이를 맨 사람은 나 혼자였던 것 같다. 모두가 놀 때 일을 한다며 스스로 격려해보았지만 싱숭생숭한 기분은 어쩔 수가 없었다. 그러던 중 하루 쉴 수 있는 여유가 생겨 렌터카를 타고 홀로 제주도 일주에 나섰다. 해안도로를 따라 한 바퀴를 돌아보기로 했다. 유명 관광지는 아니지만 뜻밖의 풍광에 넋을 잃기도 하고 맛난 음식을 먹으며 출발점으로 돌아오니 7시간가량 소요되었다. 치밀하게 계획을 세웠다면 오히려 불가능했을 뜻밖의 여행이었다. 그 감흥은 다음 날 제주도 사람들과의 교육에 소중한 밑천이 되었다. 만약 호텔방에서 쉬었다면 일이 더 잘되었을까? 글쎄, 아마도 아니었을 것이다.

행복하려고 불행해진다

2015년, 유엔이 정한 세계행복의 날(3월 20일)을 맞아 세계 143개국 사람들에게 똑같은 질문을 하였다. '당신은 얼마나 행복한가?' 우리나라 사람들은 100점 만점에 59점으로 세계 평균인 71점에 한참 못 미쳤다. 국가별 순위는 118위로, 중동과 북아프리카 나라들과 비슷한 수준이었다.

주변에서 행복하다는 사람을 별로 보지 못했다. 학생들은 공부하기 힘들고 직장인들은 일에 지친다. 행복해지려고 공부하고, 일도 하는데 그것이 불행의 원인이다. 그것은 휴식에 인색한 탓이다. 휴식과 일이 서로 반대가 아님에도 '일이 산더미인데 어떻게 쉬어, 일부터 끝내고 쉬어야지'라며 항상 일을 우선순위에 둔다.

뿐만 아니다. '일도 못했는데 쉬긴 뭘 쉬어, 난 쉴 자격도 없어'라며 스스로를 벌준다. 휴식이란 일을 끝낸 사람의 특권이라고 생각한다. 심지어 쉬고 나면 할 일이 많아질 것을 걱정해서 휴가를 미루는 사람도 있다. 언제가 될지 모를 행복의 순간을 위해 지나치게 한참 동안 불행을 감수하는 것이다.

프랑스는 바캉스의 나라다. 바캉스를 빼놓고 그들의 라이프스타일을 이해하기는 어렵다 우리 기준으로 보면 쉬어도 엄청나게 쉰다 학생들은 7주 동안 공부하고 2주를 쉰다. 겨울방학에는 주로 스키를 타고, 봄방학에는 여행을 간다. 그리고 진정한 바캉스인 여름에는 거의 16주를 쉬는데, 당연히 숙제는 없다. 열심히 놀고 오라는 선생님의 당부만 있을 뿐이다.

어른들의 바캉스도 뒤지지 않는다. 7, 8월이면 일상이 마비될 정도여서 외국 여행객들은 불편을 감수해야 한다. 자영업자들은 거의 한 달씩 쉬고, 직장인들도 최소한 3주는 휴가를 떠난다. 이들에게 하루 이틀 쉬는 것은 바캉스가 아니다. 적어도 4일 이상 집이 아닌 곳에서 잠을 자야만 바캉스라고 부른다.

바캉스 앞에서는 회사의 중요한 일도, 인생의 중대사도 뒤로 밀린다. 부모 장례식을 바캉스 마치고 치른다는 극단적인 경우까지 있다. 그러니 회사가 직원들에게 바캉스 날짜를 변경하라고 요구하는 것은 꿈도 못 꿀 일이다. 여름뿐이 아니다. 직장인은 겨울과 봄가을에 각각 1주씩, 도합 5주 정도의 휴가를 쓴다. 이 정도면 프랑스 사람들에게 휴가는 무엇과도 비교할 수 없는 소중한 시간이다. 그렇다고 프랑스를 게으르고 한심한 나라로 여기는 사람은 없다. 다만 우리가 쉬기 위해 일한다면 그들은 일하기 위해 쉰다는 차이가 있을 뿐이다.

강사는 쉬고 싶을 때, 쉬고 싶은 만큼, 쉴 수 있다. 하지만 직장인은 그렇지 못하다. 옛날보다 나아졌다고 해도 상사의 눈치를 살펴야 하고 회사 분위기를 신경 써야 한다. 아이가 학원에 다닌다면 학원이 쉴 때 가족 휴가를 맞춰야 하고, 자영업자들은 상가가 쉴 때 어쩔 수 없이 쉬어야 한다. 그래서 휴가철이면 귀성 전쟁하듯 차들로 고속도로가 꽉 막힌다. 말이 휴가지, 실제로는 고생길을 떠나는 셈이다.

휴식은 지난 시간의 보상이자 앞선 시간의 준비. 피로만 잔뜩 쌓이는 휴가를 다녀오고 나면 오히려 일이 손에 잡히지 않는다. 과로로 방전되는 것도 문제지만 즐거움을 제때에 충전 못 하는 것도 큰일이다. 살찌는 것이 두려워 아예 먹지 않을 수 없듯이 쉬지 않고 일만 할 수는 없다. 그런데 강사에게는 일과 휴식이 '따로국밥'이 아니다. 쉬면 쉴수록 더 많은 스토리를 만들어낼 수 있고 그래서 일을 더 잘할 수 있다. 일터와 놀이터의 구분이 없는 직업이 바로 강사다.

틀에 갇혀 살지 않는다

해외여행은 더 이상 특별한 일이 아니다. 다만 여행사 일정대로 움직이는 패키지 투어Tour가 줄어든 반면 자신들 취향대로 자유롭게 체험하는 트래블Travel이 늘었다는 점이 변화라면 변화다. 해외여행이 낯설 때는 안전하고 편리한 것이 중요했지만 점차 대중화되면서 자신만의 호기심을 쫓는 사람들이 많아졌기 때문이다.

우리 인생도 비슷하다. 어찌 살아야 할지 모를 때는 훌륭한 인물들의 발자취를 보며 걸음마를 배웠다. 어린 시절, 몇 권의 위인전을 필수로 읽었고 굳은 결심을 독후감으로 써보기도 했다. 하지만 위인들처럼 사는 것이 결코 쉽지가 않다. 설사 그렇게 살 수 있다고 해도 그들처럼 성공하기에는 세상이 너무나 달라졌다. 경쟁은 더욱 치열해졌고 승리해도 기쁨은 오래가지 못한다.

죽음을 안내한 내비게이션

운전할 때 내비게이션은 큰 위력을 발휘한다. 더는 길치라고 두려워할 필요가 없다. 하지만 그렇게 길들여지다 보면 내비게이션 없이는 도무지 어디가 어딘지 알 수가 없다. 애매한 갈림길에서 '재탐색 기능'이라도 작동하면 오도 가도 못하고 쩔쩔매기 일쑤다. 길을 한참 지나치고 난 뒤에야 아까 우회전했어야 했다는 것을 알게 될 때도 있다. 정상적으로 주행하는 중에도 도로를 이탈했다는 여성의 목소리가 나오면 당황하기 일쑤다. 솔직히 길을 가면서도 이 길이 맞는지 아닌지 확신할 방법이 없다.

2015년 3월 31일, 시카고에 거주하는 한 부부가 업데이트되지 않은 구식 GPS 위치추적기 안내를 그대로 믿고 운전하다 죽음에 이른 안타까운 사건이 발생했다. 2009년부터 철거 상태였던 다리는 진작부터 끊어져 있었지만, 이를 모르던 부부는 GPS 안내대로 달리다 11미터가량 되는 높이에서 추락하여 남편은 부상을 입었고 부인은 사망했다. 내비게이션의 잘못된 안내로 사고가 났지만 근본 원인은 내비게이션에 대한 잘못된 믿음 탓이다.

당연하게만 생각했던 직장 생활도 좁은 길이 되었고 안정의 다리도 끊어져버린 지 오래다. 물론 투어와 트래블은 개개인 선택의 문제지만, 짜인 투어 일정만 믿고 준비 없이 위기 상황에 처한다면 난감한 노릇이다. 삶이 예전과 같지 않은데도 '나는 그렇지 않을 거야'라며 일상에 매몰되어 산다면 우리는 실패를 준비하고 있을 뿐이다.

2014년 2분기 대비 2015년 30대 그룹의 총직원 수는 100만 5603명으로 1년 전보다 8261명(0.8퍼센트) 증가에 그쳤다. 연간 대졸자가 55만 명에 이르니까 대기업 입사 경쟁률은 69 대 1, 확률로는 0.014퍼센트에 불과하다. 또한 극세청 자료를 보면 지난 5년간 자영업자의 창업 대비 폐업률은 무려 84.3퍼센트고, 특히 음식 업종은 90.9퍼센트로 가장 심각하다.

조그마한 카페의 사장님은 드라마에서나 볼 수 있는 예쁜 그림이다. 비록 살아남은 9.1퍼센트의 음식점에 내가 속한다고 해도 폐업률 90.9퍼센트의 공포는 매일매일 도사리고 있다. 따라서 여러 사람이 가는 길이라고 무조건 따라가거나 그 길에서 가장 앞서가도 소용이 없다. 애써 오르고 나서 '이 산이 아니고 저 산인가' 후회할 것이라면 그 길은 내 길이 아닌 것이다.

루쉰의 말처럼, 길은 처음부터 없었다. 사람들이 하나둘 걸어가면서 길이 만들어졌다. 강사의 길도 그렇다. 더 이상 낯선 길도 아니고 특별한 사람들의 길도 아니다. 이제 누구나가 걸어갈 수 있는 길이다. 내려오는 에스컬레이터에서 올라가려고 애쓸 것이 아니라 올라가는 에스컬레이터로 옮겨 타는 것이 더 현명한 방법이다.

익숙함을 이기자

어떤 사람이 세차를 하고 있다.
그런데 오늘 비가 온다는 소식을 들은 친구가 한마디 했다.
"오늘 비가 온다던데."
그러자 세차를 하던 친구가 짜증스럽게 대꾸한다.
"그러니까 말 시키지 마. 비 오기 전에 세차를 끝내야 하니까…."

비가 오면 세차를 한 것이 소용없어진다. 머피의 법칙처럼 세차만 하면 비가 온다고 푸념하는 사람도 있다. 어쩌면 우리가 준비하고 있는 미래는 그 시대가 되고 나면 아무 소용없는 것이 될지도 모른다. 부모님이 내 학비를 위해 어렸을 때 대학 등록금까지 보장해준다는 보험에 들어 놓았는데 고등학교 때 일시불로 찾았더니 몇 달치 용돈에 불과한 적이 있었다. 비가 올까 초조해서 손놀림을 더욱 빨리 한다고 해서 해결될 일이 아니다.

강사가 되겠다고 했을 때 가장 난감했던 것은 내가 하는 일을 남들에게 설명하는 것이었다. 교육이라고 하면 학교 교육을 전부로 알던 시절이라 기업에 다니는 성인들을 교육시키는 일을 제대로 이해하지 못했다. 허드렛일을 하더라도 이름이 번듯한 회사, 소위 대기업에 몸담는 것을 가장 안정된 미래라고 믿던 어른들은 만날 때마다 밥은 먹고 사는지 걱정스럽게 물어보곤 했다.

더구나 일반적인 시선에서 볼 때, 누구를 가르친다는 것은 나이 많은 사람이 어린 사람에게, 많이 배우거나 연륜이 쌓인 사람이 그렇지 않은 사람들에게 하는 일이었다. 그런데 대학을 갓 졸업한 하룻강아지가 자기보다 나이 많고 경험 많은 선배들을 가르친다니, 가당치도 않은 일처럼 느꼈던 것 같다. 사실 처음에는 내게 일을 부탁하는 사람이 별로 없었다. 결혼해서 아이까지 있는 상황에서 경제적인 문제를 계속 외면할 수는 없었다.

어쩔 수 없이 월급쟁이가 되려고 여러 번 시도했지만 전화위복이 되려고 했던지 자꾸만 어긋났다. 그런 와중에 1993년 일본에서 강사를 초대하여 자연환경을 활용한 감성 프로그램을 운영한 적이 있었다. 당시에는 일본이 우리의 기업교육 수준보다 앞서 있었기 때문에 일본의 교육

기관 소속의 전문 강사들을 초대하는 일이 자주 있었다.

그런데 특이하게도 일본에서 온 강사가 신부님이었다. 일본은 가톨릭 신자가 1퍼센트 정도라 숫자적으로도 그랬지만 종교인이 기업 교육을 하는 자체가 생소한 일이었다. 일주일간 함께 숙식을 하다 보니 자연스레 신부님의 수첩을 볼 수 있는 기회가 생겼다. 그런데 일요일만 빼고는 기업이나 사회단체를 대상으로 하는 교육 프로그램 운영 계획이 12월까지 빡빡하게 예정되어 있었다. 그때가 4월이었으니, 놀라운 일이었다.

부러운 마음에 어떻게 하면 신부님처럼 바빠질 수 있는지 알려달라고 여쭤보았다. 그랬더니 신부님이 내게 되물었다.

"지금 하는 일을 좋아하나요?"

"좋아하지만 수입이 충분하지 않아서 걱정입니다."

내 대답을 듣고, 신부님이 미소를 띠며 말했다.

"10년만 견뎌내세요. 그저 일이 좋아서 10년을 열심히 했더니 저도 모르는 사이에 유명해졌습니다."

그러면서 확신에 찬 모습으로 한마디 덧붙였다.

"두려움은 어디에나 있습니다. 그래도 좋아하는 일을 하면 두려움을 잊을 수 있지요."

성공의 필요조건으로 자주 언급되는 것이 1만 시간의 법칙이다. 하루 3시간씩 10년을 노력해야 달성되는 시간이다. 당시에는 그런 개념이 없었고 신부님도 특별한 이유를 제시하지는 않았지만 '10년만 견뎌내라'는 말이 내게 큰 지표가 되었다. 그리고 거짓말처럼 일을 시작한 지 꼭 10년이 되던 1998년 10월, 나는 처음으로 월 100시간을 넘게 강의를 했다.

월 100시간 강의가 더 이상 대수롭지 않은 일이 되기까지는 이후로도 많은 시간이 필요했다. 하지만 월 100시간 강의를 했다는 이력은 오랫동안 강사의 길을 걷는 데 큰 힘이 되어주었다. 확신 없이 걸어가던 길에서 정상을 향한 이정표를 만난 기분이었고, 도무지 길이 보이지 않던 세상에서 탄탄대로를 발견한 기분이었다.

    길을 가는데, 안정적이고 잘 닦여 있는 상태라면 걷기가 수월할 테다. 하지만 좋아하는 길을 가는 것이 더 중요하다. 정말 좋아한다면 하루 3시간이 아니라 6시간을 노력할 수도 있고 그러면 5년 만에도 어딘가에 도달할 수 있다. 그러나 관성처럼 가는 길이라면 하루 3시간도 벅차다. 겨우 1시간의 노력으로 그친다면 30년이 되어야만 도착할 수 있다. 30년 동안 그 길이 변하지 않고 그대로일 것이라고 생각한다면 너무나 안이하다. 길이 있다고 무작정 따라가지 말고 내가 가고 싶은 길을 스스로 만들어보자.

아침마다 여행을 떠난다

여유가 생기면 가장 하고 싶은 일 중 하나가 여행이다. 여행은 지친 일상으로부터의 탈출이지만 활기찬 일상으로 되돌아오는 것이기도 하다. 왜냐하면 여행은 그 순간만이 아니라 떠나기 전과 후에도 다양한 에너지를 제공하기 때문이다.

365일 같은 공간에서, 같은 사람들과, 같은 모습으로 산다고 하면 상상만으로도 따분하다. 그래서인지 살기 힘들다고 해도 해외여행을 다녀오는 사람들은 꾸준히 늘고 있다. 해외까지 못 가더라도 도심 호텔에서 하룻밤을 쉬는 '작은 사치Small luxury'도 유행이다. 낭비라고 타박할 수 있겠지만 단 하루만이라도 일상과 다른 기분을 만끽하면서 '셀프 힐링'을 하는 것이다.

물론 떠나는 것이 말처럼 쉽지 않다. 가족과 해외여행을 가면 자주 듣던 소리가 "의사시죠?"였다. 가족과 함께, 열흘 이상 여행할 수 있는 직업은 의사 정도라고 생각하니, 공부 좀 하면 의대에 목을 매는 것도 이해가 된다.

이유 없이 여행도 없다

꼭 해외여행만 어려운 것은 아니다. 일상에 매이다 보면 국내 여행조차 쉽지 않다. 물론 국내 여행이라고 해서 즐거움이 덜하진 않다. 사진으로 찍어놓으면 그곳이 우리나라인지 아닌지 분간하기도 어렵다. 일상을 벗어날 수 있다는 설렘만 느낄 수 있다면 그곳이 어디인지는 중요하지 않다.

그래서 강사는 행복하다. 제주도도 일하러 갈 수 있다. 교육이 행해지는 기업 연수원이나 리조트 시설들은 대부분 경치가 좋은 곳에 위치하고 있기 때문에 야생의 자연에서 사계절을 만날 수 있다. 도시의 인공 구조물 사이를 시계추처럼 왔다 갔다 하는 사람에게는 미안할 정도로 자유롭고 색다른 하루의 연속이다.

울산에서 저녁 8시 반에 강의를 마치고 다음 날 경기도 용인에서 아침 강의를 하기 위해 야간에 고속도로를 달리다 보면 나 혼자 열심히 사는 것이 아니다. 밤새워 화물을 옮기는 트럭 운전사들의 모습에 자극을 받는다. 휴게소에서 줄줄이 서 있는 야간 고속버스 안에서 잠든는 사람들을 보며 가족을 떠올리기도 한다.

대전에서 강의를 끝내고, 다음 날 대구에서 강의를 하기 위해 곧바로 대구 도심에 가서 하룻밤을 머문다. 강의 때문에 술은 마시지 못하지만 이방인의 기분으로 대구 도심을 걸어본다. 부산 해운대에 가서 파도 소리를 듣는다. 전주 남부시장에 가서 원조 콩나물 해장국을 맛보고, 광주에서는 현대사의 아픔을 느끼기도 한다.

진짜 여행을 온 것이 아니라서 마냥 홀가분할 수는 없지만 시간과 돈의 제약 때문에 여행을 동경만 하는 사람들에 비하면 훨씬 특별한 하루를 보낼 수 있다. 예상하지도 못했던 지역 행사를 구경할 수 있고, 알고 있더라도 일부러 찾아오기 힘든 장소를 우연히 들르는 경우도 있다. 아주 가끔은 혼자 영화를 볼 수 있는 기회도 있다.

시장조사 전문기업인 엠브레인 트렌드모니터에 의하면 사람들이 원하는 휴가는 특별한 것이 아니라 소소한 여가 시간이다. 장기 유급휴가(23.1퍼센트)나 그보다 오래 쉴 수 있는 일부 유급휴직(9.0퍼센트) 보다 평범하게 주말이나 휴일 근무만 없어도 좋겠다는 의견이 더 많았다(43.5퍼센트). 또한 평일 오후 6시 이후 '칼퇴근'만이라도 보장(24.4퍼센트)되었으면 좋겠다는, 소박하다 못해 안타까움이 느껴지는 의견이 그다음이었다.

갑자기 여가 시간이 생긴다면 어떻게 하겠느냐는 질문에 상당수가 휴식(60.3퍼센트)을 원했고 실제로도 텔레비전 시청으로 여가 시간을 보낸다는 응답(36.7퍼센트)이 많았다. 흥미로운 것은 가족(23.2퍼센트)이나 연인(또는 배우자, 29.8퍼센트)과 함께 있기보다 혼자(33.4퍼센트) 있기를 더욱 선호했다는 점이다. 결국 우리나라 사람들에게 휴식은 다른 사람들로부터 해방되어 가장 편안한 자세로 텔레비전을 보는 것이다. 그만큼 일상의 책임감에 짓눌려 있으니 여행은 이유가 있어야만 떠날 수 있는 일이다.

아무것도 안 하고 싶다.

이미 아무것도 안 하고 있지만
더 격렬하게 아무것도 안 하고 싶다.

광고 카피 속에 휴식에 대한 간절함이 묻어난다. 그러나 강사는 숙박 교육일 경우, 어렵지 않게 완전한 휴식을 취할 수 있다. 저녁을 먹고 숙소에 올라가면 7시에 퇴근한 것과 같은 상황이다. 저녁도 먹었고 눈치 주는 사람도 없으니 씻지 않은 채 프로야구를 볼 수 있다. 야구가 싫다면 씻고 나서 1시간쯤 잠을 자도 9시다. 내일 할 일을 체크하고 회신해야 할 메일을 처리하면 퇴근 시간이 절약된 만큼 여유로운 저녁 시간을 즐길 수 있다.

기차, 비행기 그리고 리무진 타고

강의를 마친 뒤 넥타이를 풀어 헤치고 운전석 창밖으로 팔을 뻗은 채 달리면 세상이 품 안으로 들어온다. 그때의 해방감은 무엇과도 비교할 수 없다. 온몸으로 전해지는 바람은 달력 속 봄, 여름, 가을, 겨울과는 다른 느낌이다. 운전을 해보지 않았더라도 영화 속에서 흔히 볼 수 있는 장면이기 때문에 그 느낌을 어느 정도 알 수 있을 것이다.

봄이면 연수원 벚꽃나무 밑에 세워둔 차가 빗물에 떨어진 벚꽃 잎으로 분홍이 되고, 가을이면 연수원 길을 노랗게 물들인 은행잎이 자동차 바람에 흩날린다. 무심한 듯 쳐다보지만 밑도 끝도 없이 옛사랑이 떠오를 때도 있다. 무더운 여름날엔 강의장 밖에 소나기에 뛰쳐나가고 싶은 충동을 느끼기도 하고, 한겨울엔 흰색 도화지로 변한 운동장을 뒹구는 상상에 젖기도 한다.

진정한 여행은 새로운 곳으로 떠나는 것이 아니라 새로운 눈으로 보는 것이라던 프랑스 소설가 마르셀 프루스트 Marcel Proust의 말처럼, 같은 장소지만 계절마다 바뀌는 생경함은 언제나 즐겁다. 혼자서만 즐기는 것이 미안하다면 가족과 함께할 수도 있다. 강의 시간이 길지 않을 때 아내와 아이는 주변을 구경하다가 끝날 때 합류하여 놀면, '꿩 먹고 알 먹는' 기분이다.

그렇다고 매번 여유롭지만은 않다. 산본에 살던 시절 오전에는 부산, 오후에는 서울에서 각각 2시간씩 특강을 해야 했다. 아내가 운전해서 광명역에 데려다주었고 부산행 첫 KTX를 타고 구포역에 도착했다. 택시로 부산교통공사 연수원에 가서 강의를 끝내고 다시 택시로 김해공항에 와서 비행기로 서울에 왔다. 리무진을 이용해 삼성동까지 와서 강의를 마친 후, 지하철과 마을버스를 타고 집에 도착했다. 하늘, 땅, 땅속까지 일곱 가지 교통수단을 갈아타며 길에 돈을 버리고 다닐 때도 있었다.

하지만 그런 경우에도 강사이기에 먹고살기 힘들다는 느낌보다 '내가 제일 잘나가'라는 충만감으로 피로를 이겨낼 수 있다. 행복한 비명이라고 할 수 있다. 사실 여행을 가서도 특별한 추억을 쌓기 위해 고생을 사서 하는 경우도 있다. 그리고 뜻하지 않은 봉변을 당해도 여행을 왔으니까, 하고 긍정적으로 받아들이려고 애쓴다.

이처럼 여행은 정서적 경험을 수반하는 여가 활동이기 때문에 우리는 자연스럽게 여행을 통해 성장하게 된다. 그리고 무척 좋았던 여행지는 누군가에게 꼭 추천하게 된다. 좋은 경험을 나만 간직하기에는 너무나 아깝다. 그래서 난 강사가 되기를 권하고 싶다. 왜냐하면 강사는 여행 같은 삶을 살기 때문이다. 낯선 장소에서, 낯선 사람들을 만나고, 때로는 바쁘게, 때로는 여유롭게, 하루하루를 다르게 산다. 기억하고 추억할 것이 많아진다. 그리고 매일 자신이 조금씩 성장하는 것을 느낄 수 있다.

사람들이 나를 알아본다

이상한 상황이 벌어지거나 특정 장소에 가면 '셀카'부터 찍는다. 남과는 다르게, 좀 더 아찔하게 사진을 찍으려다 목숨까지 잃는다고 하니 그저 '추억 남기기'로 좋지만 볼 현상은 아닌 듯하다. 인터넷에는 하루 평균 약 3억5000만 장의 셀카가 올라오는 것으로 집계됐다. 2013년 옥스퍼드 대학은 영어권에서 셀카를 지칭하는 '셀피Selfie'를 올해의 단어로 선정하기도 했다.

셀카에 몰두하는 이유는 여러 가지겠지만 전문가들은 자기만족보다 SNS 공유를 통해 타인에게 인정받고 관계를 형성하고 싶다는 심리가 더 크다는 데 동의한다. 셀카 밑의 '좋아요'와 댓글 개수가 인간관계의 너비를 보여주기 때문이다.

특실로 발권했습니다

2007년 가족과 함께 인도 여행을 마치고 귀국하기 위해 뉴델리 공항에서 대기하고 있을 때였다. 스쳐 지나가던 승무원 일행 중 한 명이 내게로 다가와서 조심스레 아는 척을 했다. "제 얼굴 잘 모르시죠? 저는 기억하는데…" 그러고는 옆에 있던 아내에게 "소장님 강의 들어보셨어요? 지난번 저희 회사에 오셨는데 정말 감명 깊게 들었습니다. 이렇게 모실 수 있어 영광입니다. 정리가 끝나는 대로 기내에서 뵙겠습니다." 하고 말하는 것이었다.

여행하기 얼마 전, 그날 이용할 항공사 사무장을 대상으로 강의한 적이 있었다. 강의 중 인도를 다녀온다고 말했는데 아마도 담당자가 해당 비행기 사무장에게 귀띔을 해준 모양이었다. 사실 이런 부탁을 자주 받아서 귀찮을 법도 한데 정말 반갑게, 그것도 아내 앞에서 추어주기까지 하니 여행의 피로가 싹 날아갔다.

강사는 수많은 청중을 만나기 때문에 일일이 그들을 기억할 수는 없다. 기억한다고 해도 얼굴 따로, 이름 따로, 그런 적이 많다. 상대가 반갑게 아는 척을 해도 누군지 몰라 머리를 쥐어짜기도 했다. 언젠가 1년에 몇 명을 만나는지 궁금해서 강의 때마다 숫자를 헤아려본 적이 있다. 3년을 집계해보니 평균 1만 명이었다.

그래서 강사는 참 좋은 직업이다. 사람을 기억하지 못해도 직업 특성으로 이해받을 수도 있고 때론 그들이 먼저 기억해준다. 그리고 자신의 SNS로 자화자찬하지 않더라도 청중들이 글을 써주기도 한다. '네가 나를 모르는데 난들 너를 알겠느냐'는 식으로 네가 눌러야만 비로소 나도 누르는 형식적인 '엄지 척'과는 엄연히 다르다. 강의에 대한 솔직한 느낌을 자발적으로 SNS에 올리기 때문에 강사로서는 존재감을 느낄 수 있는 확실한 인정을 같은 셈이다.

철도인재개발원에 10여 년을 출강하다 보니, 기분이 하늘 높이 붕 떴던 경험도 있다. 전주역에 예상보다 일찍 도착하게 되었는데 마침 10분 후 도착하는 열차가 있어서 열차표를 바꿔달라고 부탁을 했다. 잠시 후 조그맣게 뚫린 창구 속에서 역무원의 소리가 들렸다.

"특실로 발권했습니다."

원래 표는 일반석이었기에 나는 놀랄 수밖에 없었다.

"그럼 차액이 얼마인가요?"

"괜찮습니다. 지난주에 좋은 강의를 해주셔서 제가 선물하는 거예요."

그때는 지금과 같은 개방형 창구가 아니었기에 직원의 얼굴을 보기가 힘들었고 기차 시간이 촉박해 많은 이야기를 나눌 수 없었지만 내 강의에 대해 생각지도 못한 보상을 받으니 그 뿌듯함은 무엇과도 비할 바가 아니었다. 물론 강의 중간중간 쑥스럽게 건네는 감사 인사 한마디에도 힘이 난다. 하지만 강연장이 아닌 장소에서 청중과 조우할 때면 배구에서의 시간차 공격마냥 기분이 짜릿하다.

대접받기를 원하지 마라

회식 때, 한 직원 때문에 바가지를 왕창 썼던 경험이 있다. 강남에 위치한 남도 한정식 집이었는데 가격에 비해 양이 많고 맛도 좋으니 거기서 회식을 하자는 제안이었다. 직원의 이야기가 좀 미심쩍기는 했지만 밥 한 끼 먹는 것이 별일이 아닌지라 식당으로 향했다.

그런데 주문 후 나온 음식은 직원 말했던 것과는 전혀 딴판이었다.

한 접시에 5만 원이 넘는 메뉴가 서너 젓가락질만 하면 금세 동났다. 지난번에 왔을 때는 안 그랬다며 억울해하기에 내막을 확인하니 이유를 알 수 있었다.

일 때문에 자주 만나던 연예인이 밥을 산다면서 이 집에 데리고 온 것이었다. 그런데 이 집은 〈체험 삶의 현장〉이란 텔레비전 프로그램에서 연예인이 일했던 집이라 푸짐하게 대접을 했던 것이다. 순진한 우리 직원은 가격을 확인하고 비싼 게 아니라고 생각해 적극 추천을 했는데 우리는 한 끼 식사에 큰돈을 들일 수밖에 없었다.

유명 식당에 가면 연예인들의 사인을 볼 수 있다. 연예인뿐 아니다. 웬만큼 얼굴이 알려진 사람이면 주인과 찍은 사진이 걸려 있다. 그 대가로 대개 음식을 제공받는다고 하니 수지맞는 장사 같다. 연예인 프리미엄이라고 할 수 있지만 주인이 좋아서 제공하는 것과 그것을 당연하게 제공받는 것은 다르다.

강사들도 많은 대접을 받는다. 기업에서 자신들이 생산하는 물건을 제공하기도 하고, 그 지역의 특산물을 선물로 줄 때도 있다. 처음에는 감사한 마음으로 받는데 그것에 길들여지면 '그런 것도 하나 안 주나?' 하고 괜스레 바라게 되고, 아무것도 받지 못하면 급기야 회사 흉을 보기도 한다. 심지어 강사라는 것을 밝히고 할인을 받았다고 자랑스럽게 이야기하는 경우도 본 적이 있다.

지금은 없어졌지만 여의도 한 빌딩에 볼링장이 있었다. 내가 처음 몸담았던 회사에서 볼링장 직원들을 교육시켰는데, 2박 3일씩 진행하다 보니 직원들과 자연스럽게 얼굴을 아는 사이가 되었다. 평상시 일이 끝나면 그곳에 가서 게임을 즐겼는데 3게임을 쳐도 계산할 때는 1게임으로 적어줬다. 처음에는 몰랐다가 알게 된 후에 직원들의 호의라 감사히 생각했다 그런데 두 번째 갈 때부터는 그런 서비스를 은근히 기대하게 되었고 젊은 객기에 그런 상황을 즐기기까지 했다. 돌이켜보면 참 부끄러운 기억이다.

감사는 억지스러우면 안 된다. 일의 대가는 강의 전 계약에 의한 것인 만큼 강사가 관여할 수 있다. 하지만 감사는 청중의 마음이 결정할 일이지 강사가 바란다고 될 일은 아니다. 의례적이고 형식적인 인사가 아니고 청중의 마음을 얻고 싶다면 강의에 충실한 것 외에는 없다.

혹시라도 얼굴을 알고 있기 때문에 배려받으려고 하는 것은 특권 의식이다. 최근 문제가 되는 '갑질'까지는 아니어도 강사라는 직업윤리에 맞지 않다. 손에 쥐어주는 쇼핑 봉투의 무거움이 감사의 묵직함을 대신할 수는 없다.

홍대 근처 술집에서 누군가가 아는 척하며 "지난주에 강의를 들었는데 인상에 남았어요"라며 수줍게 따라주는 소주 한잔을 마셔보면 안다. 편안한 옷차림으로 동네 편의점 테이블에서 맥주를 마시는데 지난달에 신입사원 교육을 들었다며, 앞으로 열심히 생활하겠다는 젊은이의 인사를 받으면 안다. 덕분에 술자리에 함께한 일행으로부터 "어, 유명한데!"라고 장난스럽고 부러움이 묻어나는 놀림을 들었을 때 내가 얼마나 멋있는 일을 하는지 알 수 있다.

2장

성공하는 강사의
일곱 가지 법칙

오래, 잘하려면
이것만은 지켜라

때가 되어야 유명해진다

 사생활을 일일이 사진 찍고, 시시콜콜한 감정까지 글로 써서 SNS에 올리는 사람들이 많다. 지금 이 순간에도 어디서, 무엇을 하고 있는지 실시간으로 중계한다. 덕분에 주변 사람들까지 귀찮게 되었다. '좋아요' '부럽다'는 인사치레라도 해야 하기 때문이다. 이름하여 SNS 피로 증후군이다.
 미디어 시대에는 누구나 쉽게 유명해질 수 있다. 오래전 라디오 인터뷰를 잠깐 했는데 목소리만으로 나를 알아보고 연락이 와서 깜짝 놀란 적이 있다. 그런데 문제는 유능해지기 전에 유명해지기를 바라는 사람들도 많다는 것이다. 잘만 하면 돈을 많이 벌 수 있기 때문인데, 자칫 조작되거나 과장된 이야기, 사실이 아닌 이야기로 유명해지려고 하면 결국 혹독한 대가만 치를 뿐이다.

피사탑은 알아도 후주탑은 모른다

우리나라 대표 방송국 중 한 곳에 정보 관리와 관련한 강의를 하러 간 적이 있다. 원래 내가 강의하던 주제는 아니었지만 같이 일하던 분이 사정이 생겨 어쩔 수 없이 대신 가게 되었다. 아주 생소한 분야는 아니어서 무난하게 강의를 끝낼 수 있었다.

그러고 나서 며칠 뒤 그때 교육을 받았다는 기자에게서 전화가 왔다. 9시 뉴스에서 정보화 시대를 맞아 기획 보도를 하는데 전문가 인터뷰가 필요하다며 인터뷰해줄 수 있겠느냐는 제안이었다. 나는 정보 전문가가 아니라고 한사코 거절했는데, 기자는 방송에는 30초도 안 나가기 때문에 부담 갖지 않아도 된다고 재차 강조했다. 그리고 9시 뉴스에 나가면 엄청 유명해져서 일하는 데 도움이 될 거라며 권유했다.

순간 머릿속에 '9시 뉴스, 유명세, 돈, 성공, 명예' 같은 단어가 맴돌아 못하겠다는 말이 쉽게 나오질 않았다. 그런 내 마음을 알아차리기라도 한 듯 기자는 언제 시간이 되느냐며 약속을 잡자고 했다. 그때 제정신을 차린 것은 지금 생각해도 천만다행이다. 나를 모르던 사람에게는 유명해질 수 있겠지만 나를 알던 사람에게는 얼마나 웃긴 일인지를 깨달았기에 정중히 거절했다.

인터뷰를 했더라면 기자 말대로 유명해지고 바빠졌을지 모르지만 그 분야는 강의 밑천이 많지 않았기에 그만큼 빨리 잊혔을 것이다. 꼭 돈 때문에 유명해지려는 것은 아니지만, 돈을 버는 것도 짧고 굵게 목표하기보다는 가늘고 길게 버는 방식이 옳다고 생각한다. 한때 반짝 유명해서 돈을 꽤 많이 벌었을 거라 생각했던 연예인이 현재 초라하게 사는 모습을 보면 무엇이든 꾸준히 활동하는 것이 낫다는 생각이 든다.

'기울어진 탑'이라고 하면 이탈리아 피사의 사탑이 유명하다. 그런데 중국 상하이에는 더 심하게 기운 '후주탑'이 있다. 1079년에 만들어졌다고 하니 피사의 사탑보다 무려 100년 정도 앞선다. 기울기도 7.1도니까 피사의 사탑(5.5도)보다 더 기울어졌지만 지역 문화유산으로 지정됐을 뿐 별로 주목받지 못하고 있다.

그 이유는 피사의 사탑이 지반의 침하 현상으로 아주 조금조금 기우는 반면, 후주탑은 사람들의 탐욕이 만들어낸 결과이기 때문이다. 탑 주변에 보물이 있다는 소문을 듣고 마을 주민들이 마구 파헤치는 바람에 그때부터 빠른 속도로 기울게 된 것이다. 그리고 무엇보다도 피사의 사탑은 갈릴레오 갈릴레이가 물체의 낙하 속도가 무게와 무관하다는 사실을 증명했던 장소로도 유명하다. 또한 비교가 무색할 정도로 피사의 사탑은 화려한 건축미를 자랑한다.

이처럼 신비로운 자연현상과 역사적 현장, 건축미까지 더해진 피사의 사탑과 후주탑이 단지 비슷하다는 이유로 이름을 나란히 하긴 무리가 있다. 강의도 마찬가지다. 같은 말을 해도 귀로만 들리는 말이 있는가 하면, 머릿속에 그림이 그려지는 경우가 있다. 눈을 감으면 듣는 이의 머릿속에 이미지가 살아 움직여 가슴이 쿵쾅거리기까지 한다. 이것이야말로 진정한 강의라고 할 수 있다.

돈으로 사는 명강사 타이틀

사실 기자의 요청을 거절한 데에는 그전에 씁쓸한 경험이 있었기 때문이다. S은행에서 강의를 했을 때인데, 무사히 교육을 끝내고 교육생들이 작성한 '강사 평가 설문지'를 본 적이 있다. 설문지 속 내 모습을 확인하는 일은 적잖은 용기가 필요했다. 오디션 프로그램에서 노래를 끝내고 심사위원의 평을 기다리는 지원자 심정과 비슷할까. 어쩌면 그들보다 더 절박했을지도 모른다. 평가가 좋지 않으면 이 회사와는 인연이 끝날 수 있기 때문이다. 꿈 이전에 생계의 문제가 달려 있다.

물론 학습자의 평가와 상관없이 강사 자신도 직감적으로 오늘 강의가 잘되었는지 아닌지 파악할 수 있다. 그러나 문제는 강사와 학습자의 평가가 상반될 때다. 강자 자신은 괜찮았다고 생각하는데 그렇지 못한 평가를 받게 되면 이해가 되지 않고 화도 난다. 조금 전까지 내 이야기에 웃어주고 고개를 끄덕였는데 이렇게 뒤통수를 치다니, 괘씸하기까지 하다. 누가 이런 평가를 했는지 학습자의 얼굴을 하나하나 떠올려보기도 한다. '이 사람일 거야' '아냐, 그 사람이겠군.' 하필 담당자가 앞에 앉아 있으면 얼굴이 화끈거려 마땅히 할 말도 없다.

그런데 강의 후 설문지를 확인하다가 '강사가 잘 모르고 강의하는 것 같다'는 충격적인 내용을 보게 되었다. 발가벗겨진 기분이라 쥐구멍에라도 들어가고 싶었다. 나머지 학습자의 평가는 괜찮았지만 전혀 위로가 되지 못했다. 사실 평소보다 긴 시간 강의를 해야 했기에 새로운 내용을 포함시켰는데 그게 화근이었다. 나름대로 이해했다고 생각하고 말했는데 누군지 모를 학습자의 눈에는 얕은 지식이 보였던 것이다.

얼마나 우습게 보였을까? 그때의 상처가 너무 커서 한동안 설문지를 외면했고 담당자가 설문지를 걷기 전에 서둘러 교육장을 떠나버렸다. 그 일 때문에 조심하는 계기가 되었지만 역시 아픈 상처였기에 지금까지도 그 사람이 원망스럽다.

사람은 누구나 유명해지고 싶은 욕망이 있다. 그러나 그렇게 되는 것이 간단한 일은 아니다. 그래서일까, 사람들의 욕망을 부추겨 장사를 하는 사람들도 많다 아주 간단한 방법으로 나를 대단한 사람으로 부풀려 주겠다고 유혹을 한다. 해마다 연초가 되면 신문사나 잡지사로부터 전화가 걸려온다.

"저희 신문사가 주관하는 한국 대표강사에 뽑히셨습니다. 그래서 인터뷰를 요청하려고 하는데요."

너무나 생뚱맞아 의심스럽기도 하지만 신문사 이름에 혹해서 내가 뭘 하면 되느냐고 반문하게 된다.

"기획 기사를 실을 건데, 저희가 질문을 미리 보내드리면 답을 준비해 주시면 됩니다."

그러면서 조심스럽게 덧붙이는 말이 있다.

"나중에 신문이 나오면 제작비로 약간의 비용만 주시면 됩니다."

말은 제작비지, 결국 돈 내고 광고하라는 이야기다. 그런데 광고도 그냥 광고가 아니다. 신문사가 포장을 해줄 테니 허위불량광고를 하라는 이야기다. 객관적 근거도 없이 한국의 대표강사 혹은 10대 강사를 마구잡이로 양산해내는 것이다. 신문사뿐만 아니라 늘어나는 매체 수만큼 별의별 구실을 붙여 유명 강사라고 소개하는 사람들이 늘어간다. 물론, 강사가 되겠다는 사람이 많고 이미 그 길로 들어선 사람도 많다 보니 자기 자신을 더욱 유명하게 만들어야 할 필요가 있다. 한때 유명 강사들이 학력 위조나 논문 표절로 문제가 된 적이 있는데 이런 이유에서였을지도 모르겠다.

텔레비전에 소개된 '맛집'이나 파워 블로거들의 추천이 언젠가부터 대중들에게 냉소적 반응을 불러일으키고 있다. 심지어 그런 집을 피하는 '역 선택' 현상도 생겨난다. 돈으로 유명해지는 것은 딱 돈 쓴 만큼의 효과밖에 없다. 음식의 깊은 맛을 결정하는 것이 장맛이고, 장은 오랜 시간 숙성해야 한다. 그 집의 음식 맛을 보고 나면 돈의 맛인지 장의 맛인지 알 수 있다.

    강사도 장맛이 날 만큼의 시간은 기다릴 줄 알아야 한다. 하지만 그 기다림의 시간을 참지 못하고 화려한 인생과 일확천금을 조급하게 꿈꾼다면 진로를 바꿀 것을 권하고 싶다. 강사가 되려고 애쓰지 말고 차라리 강사들을 대상으로 유명하게 만들어주겠다고 장사를 하는 편이 더 나을 것이다.

허세가 아니라 '스웩'이다

실속 없이 겉만 번지르르한 것을 '허세'라고 하지만, 인식이 바뀌다 보니 적당한 허세는 자신감의 또 다른 모습으로 여겨지고 있다. 예전 같으면 건방지게 보였을 모습도 오히려 주목을 받는다. 어느 셰프는 과장된 행동으로 '허셰프'라는 별명을 얻었고, 연예인들은 지적 능력을 뽐내며 '뇌섹남'으로 인기몰이를 하고 있다.

힙합 용어인 '스웩swag'은 랩퍼들이 잘난 척을 하거나 으스대는 기분을 표현할 때 사용되는 말이지만 요즘은 대중적으로 긍정적인 의미에서 많이들 사용하고 있다. 자신만의 여유와 멋, 약간의 허세를 솔직하게 표현하는 현상을 의미한다. 당연히 강사에게도 스웩이 필요하다. 그러나 단지 유행을 추종하거나 잘난 척하려는 스웩은 빈곤한 영혼을 보여줄 뿐이다. 빈 수레로 허세를 부리지 말고 속을 채워서 허세를 부리자. 나만의 스웩을 보여주자.

부끄러운 49전 전승의 기록

강사료 처리를 위해서 주민등록번호와 주소를 적어줄 때가 있다. 그때마다 담당자에게 자주 듣던 말이 있다. "산본이 어디에 있습니까?" 그러면 나는 행정구역상 군포시 산본동이었지만 좀 더 알려진 안양, 평촌을 거론하며 위치를 설명했다. 내 이야기를 들은 담당자들은 한결같이 "공기는 좋겠네요"라고 덧붙였다. 지금은 산본이 많이 알려졌지만 예전에는 생소하게 생각하며 먼 시골처럼 생각하는 사람이 많았다.

이후 서초동으로 이사를 오게 되자 비슷한 상황에서 담당자들은 전혀 다른 반응을 보였다. "좋은 동네 사시네요"라고 말했다. 그것은 마치 '돈을 잘 버시네요'라는 말로 들렸는데 우습게도 그 상황이 싫지 않았다. 마치 대단한 강사로 보이는 듯해서 우쭐해진 기분이었다. 명품 가방을 들었다고 해서 사람까지 명품이 되는 게 아닐 텐데, 나 역시 그런 마음이었을까. 졸부들이 거들먹거리는 것과 뭐가 달랐을까 싶어 돌이켜보면 씁쓸하다.

베를린 예술대학 교수로 재직 중인 문화비평가이자 철학자 한병철 교수는 『피로사회』라는 책에서 현대인들의 성과주의를 통렬히 비판한 바 있다. 규율중심사회에서 성과중심사회로 빠르게 이행하면서 사람들은 과정이야 어찌되었든 경쟁에서 이기는 것을 최선으로 여기게 되었다고 지적했다. 규율사회에서 옳고 그름을 중시했다면 성과사회에서는 승리자가 되기 위해 '더 열심히'를 외치며 자기착취를 하고 있고, 그것이 바로 피로사회의 본질이라는 것이다.

피로할 정도로 스스로를 몰아세워도 승리자가 되는 것은 결코 쉽지가 않다. 남들보다 나은 결과를 얻었을 때 겸손은 더 이상 미덕이 아니다. 과시하고 싶고 인정받고 싶은 것은 당연하다. 그런데 문제는, 성과가 부풀려지는 것이다. 있는 그대로의 모습으로는 성에 차지 않아서일까 쓸데없는 것에 의미를 부여하는 경우가 있다.

우연히 연수원에서 강사들끼리 만나면 '어느 회사 교육에 왔냐?'며 반갑게 인사를 나누게 된다. 내가 강의하는 회사가 좀 더 크고 알려진 회사면 괜히 목소리에 힘이 들어간다. 심지어 같은 회사에 왔더라도 교육 대상이 누구냐에 따라 묘한 서열 의식이 생긴다. 상대는 대리를 대상으로 한 교육인데, 나는 팀장 대상이라면 마치 내가 팀장이라도 된 듯하다. 여유와 멋과는 전혀 상관없는 치졸한 허세에 불과하다.

메이웨더Mayweather란 권투선수가 있다. 영화 〈로키〉의 실제 모델이었던 로키 마르시아노의 49전 전승과 똑같은 기록을 세우고 얼마 전 19년 선수 생활을 마감했다. 한 번도 지지 않았다는 것은 명예롭지만 기록을 위해 약한 상대하고만 싸웠다거나 모험을 하지 않다면 상처뿐인 영광이다. 그런데 안타깝게도 메이웨더에 대한 평가가 그렇다. 은퇴 전인데도 표가 남아돌았고 승리 후에도 야유가 쏟아졌다니, 49승이 부끄러울 뿐이다.

기록은 한 사람의 인생을 보여준다. 그러나 양적 기록에만 얽매인다면 그 강사에게는 이번 달 몇 시간 강의를 했고, 돈은 얼마를 벌었다는 말 외에는 들을 것이 없다. 그야말로 강의는 돈을 벌기 위한 수단일 뿐이며 그는 강의 기술자로 변해갈 것이다. 진정한 강사가 되고 싶다면 좀 더 좋은 교육을 위해 무슨 시도를 했고, 교육생들의 반응은 어떠했고, 자신의 문제는 무엇인지를 고민하는 장인의 스펙이 필요하다.

1시간만 합시다

거짓 허세로 자신을 피곤하게 만들어서도 안 되지만 회사의 위세에 눌려 강사 자존감에 상처를 입어서도 안 된다. 이것이 장인의 스웩이 필요한 또 하나의 이유다. 힙합의 기본 정신은 사회에 대한 불만 표출과 기존 질서에 대한 반항이다. 그런데 겉멋만 들어서 흉내를 내는 데 그친다면 스웩이 아니라 '웩' 그 자체다.

입으로는 세상과 사람들의 변화를 돕는다고 떠들면서 실제로는 강사료가 적다고 문제 삼고, 잘못된 권위와 타협하는 것은 이치에 맞지 않는다. 또한 회사의 위세에 눌려 회사 목소리만 옮기는 나팔수가 되거나 다음 비즈니스를 위해 눈치를 살핀다면 장인의 스웩은 어디서도 찾을 수 없다.

줄기세포 조작 사건으로 구설수에 올랐던 병원의 전 직원을 대상으로 인간관계에 대해 강의한 적이 있다. 토요일 오전 근무를 마치고 청평에서 야유회를 겸한 교육이었다. 교육 시간은 1시부터 4시였지만 교육생들은 차가 막혀 2시쯤 도착했다. 그때만 해도 도로 상황이 열악해 이해할 수밖에 없는 상황이었다.

병원장 말씀을 마치는 대로 바로 강의를 시작해 5시에 끝내기로 담당자와 협의를 마쳤다. 그런데 병원장이 이야기를 마칠 무렵, 한 간호사가 바나나보트를 먼저 타자고 요청했고, 병원장도 그러자고 했다. 그러자 담당자가 급히 내게 와서는 4시까지 바나나보트를 타고 저녁 식사 전까지 2시간만 강의하면 어떻겠느냐고 제안했다. 대신 강사료는 3시간 모두를 지급하겠다고 선심 쓰듯 덧붙였다.

12시 반쯤 도착해서 지금까지 기다렸는데 또 1시간 반을 기다렸다가

2시간 강의를 하라니, 요즘 말로 하려면 갑질도 이런 갑질이 없었다. 내가 별 볼일 없는 강사처럼 보였다는 생각에 울화가 치밀었지만 곧바로 냉정을 찾고 담당자에게 말했다. "제가 다음 일정이 잡혀 있어서 5시에는 무조건 출발해야 합니다. 처음 약속한 시간이 1시부터 4시니까- 어쩔 수 없네요. 만약 4시까지 보트를 타면 1시간만 하고 끝내야겠군요."

난처한 표정의 담당자는 병원장에게 가서 귀띔을 했고, 병원장은 '강사님 사정이 있다니까 4시까지만 참았다가 나가서 놀자'며 직원들을 달랬다. 강의를 하러 왔는데 야유회를 망치러 온 사람 취급이었다. 결국 2시 반이 돼서야 강의를 시작했고, 알아들었는지는 모르겠지만 무례함을 일삼는 사람은 성공할 수 없다는 말로 4시에 강의를 마쳤다. 물론 3시간 강사료를 받았고 그것으로 그 병원과의 인연은 끝났다.

사실 5시에 반드시 출발해야 했던 것은 아니다. 병원 측 요청대로 얼마든지 일정을 조정할 수도 있었다. 그러나 자존심이 아니라 직업에 대한 자부심을 지키고 싶었다. 잡상인도 아닌데 바나나보트보다 하찮은 취급을 받는 것이 속상하고 창피했다. 만약 병원 측 요청을 받아드렸다면 '돈 벌기 더럽게 힘들다'는 자괴감을 오랫동안 느껴야 했을 것이다.

오바마는 첫 번째 대통령 선거에 도전할 당시 자신의 장단점에 대해 이렇게 말했다. "사람들에게는 누구나 장단점이 있습니다. 나의 장점은 나와 의견이 다른 사람의 이야기조차 겸손하게 잘 듣는다는 것입니다. 나의 단점은 그러기에는 너무 잘났다는 겁니다." 밉지 않은 자신감 또는 지혜로운 자기과시가 돋보인다.

다른 사람들의 기분을 상하게 하면서까지 자신을 홍보하는 데 열을 올린다면 강사 이전에 한 인간으로서 성숙하지 못하다는 증거다. 또한 자신의 기분을 속이면서까지 상대의 비위를 맞추려 한다면 강의는 돈벌이 수단에 불과하다. 입으로는 휴식의 가치를 이야기하면서 정작 자신을 경쟁에 내몰기만 한다면 그의 입에서 나오는 말은 강의 기술자의 기교일 뿐이다.

쓴소리도 달게 삼켜낸다

 창피하면 두 손으로 얼굴을 가린다. 내 눈만 가려질 뿐 사람들은 나를 바라본다. 좌절이나 시련 앞에서 숨는다고 극복되는 것은 아니다. 그렇다고 한없이 나약하고 초라한 모습을 자책한다고 해결되지는 않는다.
 문제를 알아야 방법을 찾을 수 있다. 입에 쓴 것이 몸에는 좋다는 말을 위로 삼아 비판에도 귀를 기울일 수 있는 용기를 내야 한다. 내 얼굴을 보는 가장 쉬운 방법은 다른 사람의 눈으로 보는 것이다. 그러나 실천하기란 쉽지가 않다. 연예인 중에도 악성 댓글에 상처받기 싫어 아예 인터넷을 보지 않는다고 말하는 이가 있을 정도다. 하지만 팬들이 보내주는 진심 어린 관심과 인정이 연예인에게 에너지가 된다는 점을 생각하면 강사도 교육생과 마주하는 일에 익숙해질 필요가 있다.

투덜이가 될 것인가?

방송국 프로듀서들은 새로운 프로그램을 제작하고 방영하고 나면 피가 마른다고 한다. 실시간으로 집계되어 확인할 수 있는 시청률 때문이다. 같은 시간대 경쟁사 프로그램과의 싸움에서 진다면 무리수를 던져서라도 만회해야 한다.

성과 스트레스로부터 자유로운 직장인은 어디에도 없을 것이다. 방송은 결과를 확인할 수 있는 반응 시간이 아주 빠르다는 차이가 있을 뿐이다. 그런데 강사의 반응 시간도 그에 못지않게 빠르다. 그리고 그것을 확인하는 방법은 지나치게 아날로그적이며 잔인하다.

강의가 끝나면 담당자가 들어와 이렇게 이야기한다.

"오늘 교육 유익했습니까?"

그때 교육생들 대답 소리가 큰지, 작은지에 따라 교육 결과를 어느 정도 가늠해볼 수 있다.

이후 대부분의 담당자들은 강연하느라 수고하신 강사님께 전하는 감사의 박수를 유도하는데, 어떤 담당자들은 박수도 생략한 채 교육생에게 "강의 듣느라 수고했습니다"라며 곧바로 강사평가 설문지를 돌리기도 한다. 당연히 박수를 쳐줄 것으로 알고 엉거주춤 서 있다가 겸연쩍게 강연장을 나올 때, 그 찜찜한 기분은 뭐라 말할 수 없다. '감사 인사도 안 하다니…. 강의가 마음에 안 들었나?' 하는 생각이 든다.

더 심한 경우는 교육을 마치고 집에 돌아가는 시간을 절약하기 위하여 쉬는 시간을 이용해 미리 작성해두라며 강의 중간에 설문지를 배부하는 것이다. 이때 눈치 없는 교육생 하나가 설문지가 보이도록 책상에 올려놓으면 계속 신경이 쓰인다. 물론 좋은 평가를 했다면 피곤할 때

당을 보충해주는 초콜릿 같은 구실을 하겠지만 그 반대라면 김새는 일이다.

얼마 전, 밤 9시 반쯤에 강사 양성과정에서 만났던 남성으로부터 전화가 왔다. 공공기관에서 고객만족 강사로 활동하고 있는 분인데, 풀이 죽을 대로 죽은 목소리였다.

"지금 강의를 끝냈는데 너무나 속상합니다. 오늘 처음 하는 강의도 아니고 어제까지 잘해왔던 강의인데, 이상하게 오늘은 처음부터 말이 꼬이고 자꾸 시계만 보게 되고 정말 힘들었습니다. 뭐가 문제죠? 뭐가 잘못된 겁니까?"

워낙 침착한 성격인 데다가 사회 경험도 적지 않은 분이라 어린아이처럼 속상해하는 모습이 당황스러웠다.

"동료 80여 명의 피드백을 하나하나 읽어보았는데 그중 대여섯 명이 무슨 말을 하는지 하나도 모르겠다고 썼더라고요. 정말 창피해죽겠습니다."

반백 년 넘게 세상을 살아온 분이 자신의 잘못을 꾸짖는 모습에 순간 먹먹해졌지만 그것을 서슴없이 고백하는 것이 더 대단하게 느껴졌다. 실패야말로 가장 중요한 피드백이지만 그것을 직면하는 것이 말처럼 쉽지 않기 때문이다.

"정말 잘하셨네요. 보통 강의를 망쳤다고 생각하면 상처받을 것이 싫어 설문지를 의식적으로 보지 않게 되는데 꼼꼼하게 읽어보셨다니, 금방 좋아지실 겁니다."

나는 그렇게 말하고 나서 좀 더 이야기를 전해드렸다.

"같은 내용을 반복하다보면 강사도 권태로울 때가 있죠. 그리고 몇 번 강의했던 내용은 잘 안다고 생각해서 자신도 모르게 준비가 소홀해지기 쉽습니다. 아마도 오늘이 그날이었나 보네요."

사실 설문지를 외면하면 교육이 잘못돼도 원인을 다른 곳에서 찾으려고 한다. 오늘 따라 교육장이 시끄러웠다던가, 빔 프로젝트가 속을 썩였다거나, 들락날락거린 교육생이 많았다며 이런저런 변명거리를 찾게 된다. 설사 그게 사실이라고 하더라도 자꾸 조건을 따지다 보면 자기가 해결할 요소는 없고 열악한 강의 환경만을 탓하는 투덜이 강사가 되고 만다.

지적인 사람은 지적을 아낀다

㈜한국강사협회(www.kela.co.kr)에서 주관하는 명강사 양성과정의 운영 책임을 맡은 적이 있다. 과정에 참가하는 분 중에는 이미 자기 분야에서 활발히 활동을 하고 있어서 뭔가를 배우려는 목표보다는, 인맥을 쌓아 명강사라는 명예를 얻으려고 오는 경우도 많았다.

강사 양성과정 중에는 참가자들이 강의 시연을 하고 클리닉 차원에서 협회 임원으로 활동하는 코칭 강사들이 피드백을 하는 시간이 있다. 경우에 따라서는 참가자의 연배가 높기도 하고, 강의 경력도 화려해서 피드백을 하기가 조심스러울 수밖에 없다.

그래서 피드백을 하기 전에 꼭 양해를 구한다. 왜냐하면 강사들은 남의 이야기를 듣는 데 미숙할 뿐만 아니라 피드백을 잘못에 대한 지적이라고 생각해 방어적으로 대응하기 쉽기 때문이다. 코칭 강사의 피드백은 하나의 의견일 뿐 선택은 참가자들의 몫이며, 자기 모습을 새롭게 이해해보는 시간이 되었으면 좋겠다고 부탁을 한다.

그렇지만 일이 터지고 말았다. 한 분의 참가자가 피드백을 듣고는 동의할 수 없다고 호를 내며 울음을 터뜨렸다. 자신의 강의 의도를 정확히 모르면서 어떻게 피드백을 하느냐, 평소 직원들 교육도 이렇게 했는데 반응이 좋았다며 막무가내였다. 당장 그만두겠다고 어깃장을 부려 진행자 모두가 기분을 풀어주려고 애썼던 적이 있었다.

잘못된 칭찬이 사람을 떼쓰게 만든 꼴이다. 다른 사람의 쓰디쓴 이야기는 듣기 싫어하면서 다른 사람에게 아무렇지 않게 독설을 내뱉는 사람들은 강사가 되면 안 된다. 듣지 않고 말만 하는 것은 일방적 대화이자 잔소리다. 이런 강사는 교육생과도 소통하지 못하기 때문에 강의를 잘하기 어렵다.

자신의 기대와 다른 피드백을 들으면 기분이 언짢아지기도 하고, 실제 강의에서 좋지 않게 체크된 강사 평가 설문지를 받으면 담당자 얼굴을 보는 것이 창피할 수도 있다. 그렇지만 문제가 무엇인지 모르고 지나가는 것보다 더 나쁜 일은 없다.

내게 전화를 주었던 고객만족 강사에게 마지막으로 했던 말도 그것이다. "강의 결과는 강사 자신이 느낌으로 먼저 알 수 있습니다. 개운하지 않았다면 문제가 있었던 것이고 그러면 설문을 확인하는 게 제일 좋죠. 대여섯 분의 글이 당장은 기분 나쁠 수 있어도 그런 피드백이 없었다면 별문제 없다고 곧 잊어버릴 테니까요."

강의 평가 설문지 결과를 확인하거나 누군가로부터 피드백을 듣는 일은 마치 아침에 일어나자마자 자신의 민낯을 보는 것처럼 거북스러운 일이지만 필요한 일임에 틀림없다. 흔히 '쪽 대본'으로 인해 드라마의 완성도에 문제가 있다고 하지만, 피드백 관점으로 보면 시청자들의 요구를 즉각적으로 드라마에 반영할 여지가 있어 시청률이 올라갈 수도 있다. 지혜는 듣는 데서 생긴다고 하니 사탕발림 피드백을 기대하지 말고 온전한 소리를 듣도록 노력하자. 그래도 불안하면 '지적知的인 사람은 지적指摘을 아낀다'는 하상욱 시인의 촌철살인 시구를 되새기도록 하자.

버리지 않으면 버려진다

오랜만에 만난 사람이 "여전하시네요" 하고 인사를 건넨다면 다시 한 번 생각해봐야 한다. 특별히 외모를 관리했거나 사람들이 쉽게 할 수 없는 일을 꾸준히 하고 있었다면 당연히 긍정적인 의미일 것이다. 하지만 그럴 만한 이유가 없다면 나이를 먹었는데도 변한 것이 없다는 비아냥일 수 있다.

어떤 분야의 장인에게 성공 비결을 물어보면 "그냥 하다 보니"라고 말한다. 하지만 '그냥'이란 말 속에는 좀 더 잘하기 위해 도전하고 실패했던 순간들이 함축되어 있다. 이렇듯 새로운 모습은 거듭되는 변화의 결과다. 그런데도 자기 복제만을 거듭하고 있다면 이는 암세포를 키우는 일과 다를 바 없다. 죽어야 할 세포가 오히려 정상 세포를 죽이듯 강사도 버리는 일에 게으르다면 거꾸로 버려질 수도 있다.

산전벽해가 아니다

상전벽해桑田碧海. 뽕나무 밭이 푸른 바다로 변한다는 뜻으로 세상의 변화가 너무나 심한 현상을 비유적으로 이르는 말이다. 이 말을 떠올리면 지금도 얼굴이 빨개진다. 외국계 컴퓨터 관련기업에 강의를 간 적이 있다. 담당자가 저녁에 자체적으로 진행할 단어 맞추기 게임을 준비하고 있었다. 카드에 여러 개의 낱말을 적고 있었는데 문제의 상전벽해가 눈에 띈 것이다. 가만히 있었으면 중간은 갔을 텐데 산전벽해가 맞는 말이라고 '지적질'을 하고 말았다. 담당자의 난처한 표정을 보며 뭔가 잘못되었음을 직감했지만 이미 되돌릴 수 없었다. 만약 시간을 되돌릴 수 있다면 딱 그때로 돌아가 나를 지워버리고 싶다.

귀로만 듣고 기억했지, 직접 눈으로 확인한 정보가 아니었다. 처음부터 잘못 알고 있었던 것이다. 무식한 것이 아니라 자신이 무식하다는 것을 몰랐던 것이다. 사실 정보가 홍수처럼 밀려드는 시대에 모든 것을 제대로 완벽하게 알기는 힘들다. 그러나 자기가 강의하는 콘텐츠만큼은 사실 유무는 물론 구체적 내용까지 확인해야 한다. 스마트폰이 몸의 일부가 되어버린 시대에 적당히 알고 강의하는 것은 '셀프 디스'와 같다.

언젠가는 교육 담당자와 식사를 하려고 식당을 찾던 중 '내 영혼의 닭고기 수프'란 간판이 보여 '참 시적이네요'라고 말했더니 맙소사, 시가 아니라 책 제목이었다. 물론 정보 홍수의 시대에 강사라고 해서 다 알 수는 없다. 그러나 이 정도면 되었다고 생각하는 것보다는 더 많이 알아야 한다.

토요타자동차에서는 'Best'의 반대말을 'Good'이라고 한다. 'Worst'는 최악이기 때문에 누구라도 그 상황을 개선하기 위해 노력하겠지만, 스스로 '괜찮다'고 생각하면 노력을 멈추기 때문이라는 것이다. 결국 스스로 만족하는 순간 Best의 가능성이 사라지고 마는 셈이다.

세계 최대 트렌드 네트워크 사이트 '트렌드 헌터(www.trendhunter.com)'의 운영자 제레미 구체Jeremy Gutsche도 저서 『어제처럼 일하지 마라』에서 성공의 함정에 빠지지 않으려면 호기심이라는 사냥꾼 본능을 잃어서는 안 된다고 주문한다. 결국 일하는 법을 계속 바꾸라는 것이다. 생각하는 법, 행동하는 법, 필요를 포착하고 계획을 세우는 법, 검토하고 공유하고 궤도를 변경하는 법 등에서 유연성이 마비되면 성공은 불가능하다고 말한다.

사실 당연함에 빠져 있으면 모든 것이 당연하게 보인다. 원래부터 그랬던 것이고 어쩔 수 없는 것처럼 느껴진다. 해왔던 대로 해도 문제가 없을 것 같다. 새로운 길이 생겨도 다니던 길로 다니게 되고 새로운 메뉴보다 익숙한 음식을 선택한다. 왜냐하면 익숙함이 주는 편리함도 있기 때문이다.

강의를 하는 목적이 사람들에게 변화 의지를 갖게 하고, 그것을 실천하도록 돕는 것인데 정작 강사 자신이 변화에 무심하다면 앞뒤가 맞지 않는다. 따라서 아무 문제가 없다고 생각하는 순간이 실패의 징후임을 깨닫고 스스로를 새롭게 하기 위한 경계를 늦추지 말아야 한다.

공부합시다

한 회사에서 신임팀장 교육을 7년간 진행한 적이 있다. 매년 비슷한 시기에, 비슷한 내용의 교육을 하다 보니 바쁘다는 핑계로 전년도 자료를 참조해 금년 것을 구성하곤 했다. 그런데 시간이 지나고 보니 7년 동안

해왔던 내용이 크게 다르지 않다는 것을 알게 되었다. 분명 그동안 경영환경이 달라졌고 필요로 하는 리더십 기준도 변했을 텐데 나는 강연 내용을 재탕, 삼탕 하고 있었던 것이다.

최근 똑같은 장소에서 시간차를 두고 사진을 찍는 일이 소소한 재밋거리로 행해지고 있다. 부모 손을 잡고 찍었던 그 자리에서 부모가 되어 다시 사진을 찍는 것이다. 배경인 경복궁은 크게 달라지지 않았지만 사진 속 자신은 어느새 어른이 되었다고 상상해보면 재미 이상의 감동일 것 같다. 이처럼 시간은 변화를 위한 척도다. 그런데 시간이 멈춘 듯 산다면 끔찍한 일이다.

하여간 그것이 이유였는지는 모르지만 공교롭게도 8년이 되던 해에 그 회사와의 인연은 끝났다. 이유가 그것이든 아니든 나로서는 변화가 필요했다. 그 후로는 해가 바뀌는 연말이나 연초가 되면 1년 동안 강의했던 파일 중 상당 부분을 의도적으로 삭제해버린다. 순간순간 망설여지기도 했지만 기댈 언덕이 없어야 바로 설 수 있다는 생각에 노트북을 비웠고 그 자리를 신선한 자료로 채워 넣는다.

일본 최고의 정리 컨설턴트인 곤도 마리에近藤麻理惠도 '정리의 시작은 비우는 데서 시작한다'고 말하면서 버릴 때는 '한번에, 단기간에, 완벽하게 버리라'고 조언한다. 연인 사이에서도 이별하고 나면 모든 기록을 없애라고 한다. 혹시나 하는 미련으로 상대의 연락처나 SNS를 남겨두면 술에 취해 감정을 주체하지 못하는 날 후회할 일이 일어날 수 있어서다.

마찬가지로 강의 후 어떤 교육생이 "3년 전에도 들었는데 여전하시네요"라고 말한다면 자신의 3년을 생각해봐야 한다. 강사는 많은 사람을 만나기 때문에 일일이 기억할 수 없겠지만 교육생들은 강사를 기억할 수 있다.

교육성이 아니라고 해도 강사를 또렷하게 기억하는 사람이 있다. 바로 담당자다. '이제 밥 먹다 생긴 에피소드를 이야기하겠군' '다음엔 가족 이야기' 이런 식으로 레퍼토리를 꿰고 있을지 모른다. 예언자가 아니라, 담당자는 강의 내용을 모니터링 한다. 그런데 시간이 흘렀는데도 옛날 소재를 사골 우려내듯 사용하고 있거나 주제가 다른 강의인데도 카드 돌려 막듯 똑같은 내용을 언급하고 있다면 부끄러운 일이다.

꽃미남, 나쁜 남자에 이어 최근에는 '뇌섹남'이 주목받고 있다. 뇌가 섹시하다는 것은 단순히 똑똑하다기보다는 주관이 뚜렷하고 언변도 뛰어나며 유머 감각까지 갖춘 지적인 매력의 소유자라고 할 수 있다. 누구나 뇌섹남이 되고 싶겠지만 그럴 상황은 아니다. 하루를 고되게 살아가야 하는 사람들에겐 사치스러운 일일 수도 있다.

그러나 다행스럽게도 강사는 공부를 해야 일을 잘할 수 있다. 뇌섹남이 되기 위해 애쓸 것이 아니라 일을 잘하기 위해 노력하다 보면 자연스레 뇌섹남이 된다. 마치 운동선수가 체력을 단련해야 하는 것이 일을 위해서고, 모델과 연예인들이 외모나 체형을 가꾸는 일이 경쟁력을 높이기 위한 일인 것처럼 말이다.

일본은 여러 분야에서 노벨상을 수상하고 있고 중국도 얼마 전 과학 분야에서 처음으로 수상자를 배출했다. 우리는 안 된다며 손 놓을 일도 아니지만 그렇다고 단기간에 해결하겠다고 욕심 부려서는 더더욱 안 된다. 사실 미국과 유럽의 독무대였던 과학 분야 노벨상에서 일본의 성과는 단연 발군이라고 할 수 있다. 그러나 그것은 일찌감치 문호를 열고 서

양 문물을 들여오기 위해 수많은 인재들을 해외로 내보내 유명 과학자들과 네트워크를 구축했기에 가능했다.

강의도 마찬가지다. 한 달에 몇 시간 강의하는가에 관심 갖기 전에 몇 시간 준비하는가를 생각해볼 일이다. 자신의 경쟁력을 높이기 위한 간단한 방법은 대학원에 진학해 체계적인 학습을 하는 것이겠지만, 시간과 학비가 걸림돌이라면 지속적으로 정보를 제공받을 수 있는 유료 사이트를 이용할 수 있다. 그것도 부담이 된다면 무료 사이트를 뒤져서라도 주기적으로 정보를 검색할 필요가 있다. 더불어 자신의 분야에서 도움 받을 수 있는 자문단(멘토)을 만나기 위해 발품 파는 수고라도 해야 한다.

시간에 쫓기지 않는다

시간 약속을 잘 지키는 것은 인간관계의 기본이자 신뢰의 척도다. 한때 우리나라 사람들도 시간관념이 부족해 '코리안 타임'이라는 오명을 얻기도 했지만 철저한 교육 덕으로 이제는 시간을 금처럼 여기게 되었다.

커피 1잔 4분, 버스 요금 2시간, 권총 1정 3년…. 2011년 개봉한 영화 〈인타임in time〉은 시간이 돈임을 실감 나게 보여줬다. 영화 속 사람들은 시간이 줄어들기 때문에 시간을 늘리기 위해 안간힘을 쓴다. 아무리 영화라지만 자기가 살려고 다른 사람의 시간을 훔치는 끔찍한 일까지 벌어진다.

'명강사는 일찍 끝내 준다'는 말이 있다. 언제 시작된 말인지 알 수 없지만 일찍 끝낸다고 강사료를 덜 받는 게 아니라면 강사만 좋은 일이다. 유명 가수가 콘서트에서 청중을 위해 한 곡을 더하면 더했지 일찍 끝내는 일은 없다. 따라서 커튼콜을 한 번이라도 외친 기억이 있다면 자기 관점을 벗어나 시간을 생각하는 습관이 필요하다.

절대로 해서는 안 되는 약속

인도 여행 중 수도인 뉴델리에서 지방으로 이동하기 위해 기차를 타야 했던 날이 있다. 분명히 저녁에 이동한다고 했는데 오후 4시쯤 기차역으로 나가야 한다는 것이다. 의아한 표정으로 가이드를 쳐다보니 인도에서는 언제 기차가 올지 모르기 때문에 일찍 가서 기다리고 있어야 한단다.

그때가 2007년이었으니, 지금은 사정이 좀 좋아졌을지도 모르겠다. 하지만 그때는 어렵게 여행을 왔는데 기차역 플랫폼에 앉아서 무작정 기차나 기다리면서 시간을 낭비하려니 짜증이 났다. 하지만 인도인이었던 가이드가 겸연쩍은 얼굴로 "여기는 인도니까 이해하셔야 해요" 하고 말하니 더는 어찌 해볼 도리가 없었다.

사실 담당자 입장에서 강의 시간이 임박했는데도 강사가 도착하지 않으면 재앙이다. 교육생들은 싸늘한 표정으로 담당자를 노려보며 어떠한 해결책을 기다리지만 담당자는 달리 대안이 없다. 따라서 현명한 강사라면 담당자와 교육생을 위해 이동 시간을 충분히 감안하여 여유 있게 약속을 잡아야 한다.

꽤 오래전이라 정확히 날짜를 기억할 수 없지만 생각할수록 화가 나는 일이 있다. 잘 알고 지내던 회사에서 강의 요청이 왔는데 내가 할 수 있는 주제가 아니었다. 그래서 다른 강사를 추천하겠다고 허락을 받고 그 분야 전문가를 찾아 강의를 요청했다.

양평에서 오후 1시부터 진행될 교육인데 가능하냐고 물었더니, 일산에서 11시에 강의가 끝나기 때문에 2시간이면 충분히 이동할 수 있다고 했다. 당시는 내비게이션은 물론 인터넷도 없었던 때라 달리 확인할 길이 없었지만 대충 가늠해보니 가능할 듯싶어 약속을 잡았다.

교육 당일 제대로 진행되는지 확인하려고 12시40분쯤 전화를 했더니 강사가 아직 도착하지 않았다는 것이었다. 휴대전화도 없었기 때문에 마냥 마음 졸이며 기다릴 수밖에 없었다. 다시 1시쯤 전화를 했더니 강사로부터 연락이 왔는데 차가 고장 나서 택시를 타고 오는 중이란다. 어쨌든 상황을 알았으니까 안심을 하고 내 일에 집중할 수 있었다.

그러다 3시쯤 잘 진행되고 있을 거라 생각하고 연락을 했는데, 방금 전 강사가 도착해서 이제야 시작했다는 것이다. 원래는 1시부터였으니까 2시간 동안 교육생들은 방치되어 있었고 6시까지 예정되었던 강의는 3시간만하고 끝내야 하는 상황이었다. 후에 확인해 보니 일산에서 강의가 끝나는 시간이 11시가 아니라 12시였다. 강의를 한 건 더 맡을 욕심에 조금 일찍 끝내고 이동하려고 무리하게 약속을 잡은 것이었다. 물론 차가 고장 났다는 것도 지어낸 이야기였다.

그 강사에게는 엄청 화를 내고 강의한 만큼만 강사료를 주는 것으로 끝냈지만 이 일로 인해 나와 친했던 회사의 관계도 끝나고 말았다. 다시는 있을 수도 없고 있어서도 안 되는 일이다. 하루에 두 차례 혹은 세 차례 강의할 기회가 드물기 때문에 강사로서는 욕심날 수도 있다. 하지만 욕심은 항상 화를 부르게 되어 있다. 강사는 결국 시간을 파는 것이다. 무리한 일정은 누군가의 시간을 헛되게 만들 수 있고, 자신조차 시곗바늘에 쫓기는 결과를 가져온다.

앞 강의를 조금 일찍 끝내고 다음 강의 시작 시간을 조그만 늦춰 시작하려고 계획을 세운다면 돈 대신 신뢰를 잃고 강의 평가도 잃을 수 있다. 하루에 두세 번 강의할 정도로 바쁜 강사임을 은근히 과시하고 싶겠지만 이는 자기관리를 못한다고 스스로 광고하는 것에 불과하다.

하수로 살지 말자

강의 일정을 빡빡하게 짜지 않는 것만큼 중요하게 염두해야 할 점은 강의 시간을 꼼꼼하게 확인하는 것이다. 돌다리 두드리는 심정으로 일정을 관리해도 커뮤니케이션 오류로 꼭 1년에 한두 번은 문제가 생긴다. 같은 날 두 일정이 잡혀 있다면 몸을 쪼갤 수도 없고 정말 난감하다.

 어느 목요일 아침, 청평에서 아침 8시부터 12시까지 네 시간 동안 강의가 있었다. 7시 반 정도에 도착했는데 강연장이 텅 비어 있었다. 처음엔 2박 3일 교육 중 2일차였기 때문에 교육생들이 숙소에서 내려오지 않았다고 생각했지만 불길하게도 사람의 흔적이 느껴지지 않았다. 직감적으로 뭔가 잘못되었다고 판단해서 프런트에 가서 물어봤더니 아뿔싸, 오늘 10시에 들어온다는 것이다.

 주5일 근무를 하기 전에는 2박 3일 교육은 월화수, 목금토로 나눠 2회 진행하는 것이 일반적이었다. 따라서 내 강의는 2일차 오전이었으니까 당연히 화, 금이었는데 약속 잡을 때부터 화, 목이라고 해서 여러 번 확인까지 했다. 그리고 화요일 강의 후에 담당자에게 "모레 봅시다"라고 인사했을 때 담당자도 아무렇지 않게 "네, 모레 뵙겠습니다"라고 대답해서 전혀 의심하지 않았다.

 금요일에 다른 강의가 없다면 헛걸음이라 치부하고 내일 다시 오면 되겠지만 그럴 상황이 아니었다. 누구 잘못인지 따질 겨를도 없이 일단

다음 날 오전에 강의하기로 한 담당자에게 전화를 했다. 사정이 생겨 내일 오전 강의를 오늘 할 수 없겠냐고 부탁했다. 다행히도 오늘은 자체 프로그램이기 때문에 가능하다고 했다. 서둘러 용인으로 이동을 했지만 산길이라 10여 분 늦게 도착해서 겨우 강의를 끝낼 수 있었다.

그런데 문제가 또 있었다. 원래는 금요일 12시에 용인에서 강의가 끝나기 때문에 1시부터 인근에서 다른 강의를 약속해놓았던 것이다. 때문에 다음 날 청평에서 12시에 강의가 끝나면 다시 용인까지 1시에 와야 하는데, 책상 달력에 보니 산길이고 거리가 만만치 않아 불가능할 듯했다. 그날도 7시 50분쯤 출발해서 9시 10분에 도착했으니까 적어도 1시간 반은 필요한 상황이었다.

고심 끝에 담당자에게 자초지종을 이야기하여, 쉬는 시간을 한 번으로 줄이는 대신 11시 반에 끝내기로 양해를 구했다. 결국 다음 날인 금요일도 청평에서 교육을 끝내자마자 용인까지 산길을 레이싱 하듯이 달려 겨우 제시간에 도착해 강의를 끝냈다.

하여간 이런 일을 피하려면 확인하고 또 확인하는 수밖에 없다. 특히 에이전시가 의뢰하는 강의는 더욱 그렇다. 한번은 강의 일정을 문의하는 전화를 받았다. 두 번인데 1차 강의일은 유동적이고 2차 강의일은 확정되었다는 것이다. 그리고 며칠 뒤 1차 강의일이 확정되었다며 최종 문자를 보내왔다. 2차는 지난번 통화에서 확정되었던 터라 건성으로 확인했는데 나중에 다시 보니 2차 강의일도 날짜가 바뀌어 있었다. 억울했지만 제대로 확인하지 못한 내 잘못이라 손해를 감수해야만 했다.

어쨌든 강사는 시간 노동자라고 할 만큼 시간이 중요한 자산이다. 시간에 쫓기며 사는 것은 하수 중의 하수다. 시간에 얽매여 살지 않는 것은 좋지만 그렇다고 잊고 사는 것도 너무나 위험하다. 시간을 가늠해보고 혹시 미심쩍으면 확인 또 확인하는 습관을 갖는 것이야말로 고수의 자세다.

말하는 대로 산다

〈복면가왕〉은 두 사람이 가면으로 얼굴을 가린 채 노래를 부르면 청중과 패널들이 더 잘했다고 생각한 쪽을 선택하는 예능 프로그램이다. 누구인지 모르기 때문에 유명세에 대한 선입견 없이 노래 실력만으로 승부를 겨루는데, 의외의 결과가 나오기도 한다.

강의도 명성에 비해 청중의 반응이 별로인 경우가 있다. 명성이 자자하다 보니 기대가 너무 컸던 탓도 있지만 본인에 대한 자부심이 도를 넘어 교만해 보이거나 강사의 이야기가 진심처럼 느껴지지 않을 때 그런 결과가 나온다.

느낌 좋은 강사가 되자

몇 년 전 인기리어 방영된 예능 프로그램 〈나는 가수다〉에서 김건모가 '립스틱 짙게 바르고'를 부른 후 최초 탈락자로 선정되어 화제를 불러일으킨 적이 있다. 김건모의 노래 실력을 의심하는 사람은 없었다. 그보다는, 다른 출연자들이 대중가요를 색다르게 편곡하여 감동을 준 만큼 김건모도 그럴 것이라는 기대가 컸다. 그런데 김건모는 노래의 감동보다 자신의 입술에 립스틱을 바르는 과도한 퍼포먼스로 웃음을 주려고 했고 그것이 패착이 아니었나 생각된다.

강사에 대한 평가도 강의 내용으로만 결정되진 않는다. 어쩌면 담당자와 통화하는 순간부터 강의가 시작되고, 강의를 끝내고 청중의 시야에서 벗어났을 때 비로소 끝인 셈이다. 처음 통화를 하면서 강의 조건에 대해 까다롭게 협의해놓고 강의 중에 자신은 쿨한 사람이라고 말한다면 담당자는 어이없어할지도 모른다.

강의 장소에 도착해서 교통 체증으로 인한 짜증을 입 밖으로 내뱉을 때 옆에 지나가는 사람이 청중 중 한 명일 수 있다. 그런데 자기 감정관리가 성공의 조건이라고 강의한다면 그 청중은 비웃고 있을지도 모른다. 리더는 사람을 이끄는 역할을 해야 하는 만큼 배려가 중요하다면서 강연장을 떠나며 지저분하게 흔적을 남기고 간다면 이 또한 강사만 모르지 청중의 눈에는 보인다.

그래서 강의가 끝나고 칠판에 써놓은 글씨도 꼭 지우고, 쓰레기도 챙기는 것이 좋다. 솔직히 처음에는 누가 볼 것이라는 계산된 '이미지 메이킹'이었지만 그런 상황을 겪어보니 다음 강사에 대한 배려이고 예의였다. 강연장에 들어갔는데 앞 강사가 칠판에 잔뜩 글씨를 써놓고 마시던 음료도 반쯤 남긴 채 두고 가면 기본도 안 된 사람이란 생각이 들었다.

강사에 대한 평가는 청중의 느낌이 결정한다. 그 느낌 중에서 강의 내용이 차지하는 비중이 가장 큰 것은 분명하지만 전부는 아니다. 강의 내용에 영향받아 청중의 삶이 바뀌려면 강사에 대한 느낌 전부가 좋아야 한다. 강의는 좋았지만 강사에게 무시당했거나 창피함을 느꼈다면 강사가 말한 대로 행동하고 싶지는 않을 거다.

중소기업에 가면 그 회사의 대표가 강의 전에 말할 때가 있다. 요점은 어려운 상황에서 돈과 시간을 투자해 모시기 어려운 분을 모셨으니 강의 잘 들으라는 당부다. 그리고 자신도 강의를 잘 듣겠다고 앞자리에 앉는다. 거기까지는 문제가 없다. 하지만 강의를 시작하고 얼마 지나지 않아 졸기 시작한다. 물론 졸음을 유발한 강사의 책임도 있겠지만 앞자리에서 연신 졸고 있는 모습은 무척 난감할 따름이다.

또 어떤 리더는 바빠서 잠깐만 앉았다가 나간다고 했는데 그분이 일어서자 소위 측근 서너 명이 한꺼번에 자리를 떠서 강연장이 어수선해질 때가 있다. 임원들의 그런 모습을 볼 때면, 직원들만 강의 듣고 바뀌면 회사가 잘되리라는 생각을 하는 것 같아서 그 회사에 대한 이미지를 좋게 가질 수 없다.

평판을 관리하자

꿀에 설탕을 넣으면 훨씬 달지만 반대로 쓴맛의 재료를 섞으면 단맛이 반감된다. 마찬가지로 강의를 잘하는 것만으로 좋은 평판을 유지하기는 힘들다. 작은 행동 하나에도 신경 쓰고 말 한마디에도 신중할 필요가 있다.

특히 동료 강사들로부터의 평판은 일은 물론 인간관계의 밑천이다. 같은 일을 하는 강사들과 교류 자체가 없거나 지나친 경쟁심으로 비판적 평가를 하게 되면 결국 부메랑이 되어 자신에게 돌아온다. 그리고 강사들끼리 모이는 자리에서도 '이 바닥이 그렇지' '강사료도 적은데 대충해' '보따리장수 하루 이틀 하나'라고 아무렇지 않게 말하는 강사도 있다.

보따리장수는 시답지 않은 물건을 싸가지고 다니면서 유창한 말솜씨로 상대를 현혹해 물건을 파는 사람으로 강사를 비하할 때 사용한다. 그런데 남도 아닌 강사 자신이 그런 말을 쓰다니 놀랍기도 하고 자신의 일을 스스로 비하하는 것 같아 멀리하게 된다.

다음으로는 담당자의 평판이다. 영어로는 똑같은 네트워크지만 연줄과 연결은 해석하기에 따라 다른 느낌을 준다. 연줄은 지연, 혈연, 학연과 같이 폐쇄적이다. 반면 연결은 개방적이며 인간관계를 위한 노력이다. 연줄은 시간이 갈수록 부패하기 쉽지만 연결은 노력에 비례해 더욱 진화할 수 있다.

처음에는 연줄에 기대는 것이 편할 수 있지만 그래서는 시장이 좁다. 연결을 위해 항상 노력해야 한다. 담당자들은 자신들만의 네트워크를 통해 정보를 공유하지만 연줄로 인한 부탁은 신뢰하지 않는다. 스스로 경쟁력을 입증해야 한다.

그렇다고 모든 담당자에게 신경 쓸 필요는 없다. 어떤 담당자는 강사를 '써봤더니' 별로라고 말하기도 한다. 강사는 사람인데 물건처럼 써본다고 표현하니 듣기가 거북스럽고 불쾌해진다. 또한 '재미있게만 해주면 된다'고 강의의 가치를 평가절하 하기도 한다. 당연히 그 담당자의 인격을 의심할 수밖에 없다. 그런 담당자에게 추천받는다면 강사에게도 마이너스로 작용할 수 있다.

그러나 평판에 있어서 무엇보다 중요한 것은 자기 검열이다. 많은 직업이 있지만 인간의 생명을 다루는 의료업이나 건강과 직결되는 음식업,

더 나은 삶을 위한 교육업, 그 외에도 대중에게 많이 알려진 공인들에 대해서는 더욱 엄격한 직업윤리를 요구한다. 따라서 자기를 관리하는 것은 피곤함이 아니라 유명한 강사가 되기 위한 필수 요소다.

왜냐하면 강사는 되는 것이 아니라 사는 것이기 때문이다. 따라서 강의를 요청한 기업에 대해서도 조금 더 신중한 선택이 필요하다. 강의라면 물불을 가리지 않던 시절, 피라미드 조직에 가서 강의한 적이 있다. 그때는 일한다는 것 외에는 아무 생각이 없었는데 언론에서 피라미드 조직의 실상을 알고 나니 그들의 피해를 방조한 것 같아 불편했다.

유명 여자 연예인도 일본의 대부업체 광고 모델로 활동하려고 했다가 여론의 역풍을 맞은 적이 있다. 연예인이 광고 모델을 하는 것은 당연하지만 그 업체가 고금리로 서민의 주머니를 터는 반사회적 기업이라면 조금 신중했어야 한다는 게 비난의 요지였다. 더구나 돈이면 아무거나 할 만큼의 신인 연예인이 아니었기 때문에 이미지에 치명상을 입었다.

강연장에서 친구의 형이나 후배의 부인을 만날 수도 있다. 강연장 밖에서는 강의를 들었던 청중이나 담당자를 놀이공원에서도 만나고 뮤지컬 휴식 시간에도 만날 수 있다. 회사에서 배차해준 차 안이라면 통화할 때도 운전기사의 눈을 의식해야 한다. 편안한 사석에서 사람들과 이야기할 때도, 또는 공유를 목적으로 하는 블로그나 페이스북에서도 항상 강사로서의 처신을 잊지 말도록 하자.

미래를 만들어간다

비전은 한마디로 꿈이다. 죽기 전에 이뤄야 할 느긋한 꿈이 아니라 머지 않은 미래에 만나게 될 자기 모습을 그려놓은 것이다. 공터 앞에 세워놓은 설계도를 보면 2년 뒤 어떤 건물이 지어질지 알 수 있는 것처럼 비전은 현실에서 만들어가는 미래다. 때문에 일장춘몽으로 끝나지 않으려면 그만큼 간절하고 선명해야 한다.

건물주가 꿈이라는 아이들이 있다. 일하지 않고 임대료를 받으며 편히 살고 싶다는 어른도 있다. 간절하고 절실한 목표보다 경제적 문제만 해결되면 뭐든 할 수 있을 것 같은 막연함의 결과다. 하지만 비현실적인 비전은 미래를 설렘이 아닌 '난 안 돼'라는 무력감으로 채우게 될 것이다.

농구는 간지럼이다

경제적으로 안정되면 하고 싶은 일을 할 수 있을 것 같다. 그래서 젊은이들은 사랑, 결혼, 친구까지 모두 포기해야 하는 시대에 순응하는지도 모르겠다. 그러나 한 제약회사의 광고처럼, 잠을 아끼고 시간을 아끼고 돈을 아끼다 정말 중요한 것을 잃게 되지는 않을지 생각해볼 일이다.

왜냐하면 중년이 되면 현실의 문제들이 더욱 견고하게 꿈을 막아서기 때문이다. 부모 봉양, 자녀 학비와 결혼, 주택 문제, 자신의 노후 대비 등등 삶의 관성은 더욱 속도가 붙는다. 나와 다르게 사는 친구에게 "너처럼 살고 싶다"고 말하지만 아침이면 어김없이 어제와 똑같은 하루를 시작한다.

왜 그럴까? 친구의 삶이 부럽기도 하고 자신이 가지 않은 길에 대한 아쉬움도 있겠지만 잠깐 동안의 감정인 경우가 대부분이다. 그 감정이 비전으로 구체화되려면 설렘이 있어야 하고 설렘은 간절함으로 굳어져야 한다.

처음 본 이성과 사랑에 빠지긴 쉽지 않다. 퇴짜 맞을지도 모른다는 두근거림으로 데이트를 신청하고 애타는 '밀당'의 시간을 거쳐 비로소 프러포즈하게 된다. 마찬가지로 단숨에 내 마음을 사로잡는 비전은 없다. 한 번뿐인 인생이기에 정말로 그렇게 사는 것이 행복하고 의미 있는지 몇 번이고 고민하게 된다. 그 후 그렇게 살겠다는 결심과 해낼 수 있다는 자신감이 뒷받침 되어야 한다.

세계적인 농구 선수 마이클 조던Michael Jordan은 2003년에 은퇴했다. 미국인들은 조던과 동시대를 살았고, 그의 플레이를 볼 수 있었던 것만으로도 영광이라고 말한다. 그만큼 그의 영향력은 여전하다. 직업으로서 농구를 선택했다기보다 농구 자체를 사랑했기 때문이다. 그런 그의 마음은 첫 은퇴 연설을 통해 고스란히 느낄 수 있다.

"우리가 처음 만난 지도 28년이 다 되어갑니다. 우리 집 주차장 뒤편에서 부모님의 소개로 당신을 처음 만났지요. (중략) 대학 때 당신에게 정말 호기심을 많이 느꼈고 또 정말 심각해지기도 했답니다. 당신은 그때 내게 아직 멀었다고 말했죠. 나는 상처받았고 심지어 울기도 했습니다. 그때 나는 그 어느 때보다도 당신을 원했습니다. (중략) 어떤 면에서 당신은 나의 인생이고 열정이고 삶에 동기를 부여해주고 영감을 불어넣어주는 존재였습니다. (중략) 나는 당신을 사랑합니다. 당신과 관련된 모든 것을 사랑하며 앞으로도 그럴 것입니다. 우리의 관계는 끝나지 않을 것입니다."

여기서 당신이 의미하는 대상이 바로 농구공이다. 조던에게 농구는 분명 돈을 버는 수단 그 이상이었다. 그가 마지막으로 코트에 복귀할 때 기자들이 물었다. "우승도 해봤고, 돈도 벌었고, 명예도 얻었는데 40세에 다시 농구를 하려는 이유가 무엇입니까?" 그의 대답에서 농구는 바로 그 자신의 삶이었음을 느낄 수 있다. "농구는 내 인생에서 간지럼^{tickling}과 같지요."

지금 등이 간지럽다면 체면 불구하고 긁어야 한다. 만약 이런저런 이유로 참았다가 나중에 긁겠다고 결정했다면 그것은 참을 수 있는 간지럼이다. 아니, 긁지 않아도 될 만큼 간지러운 것이다. 비전은 뒤로 미룰 수 있는 것이 아니다. 지금, 당장 그렇게 살아야겠다고 결심하고 실천할 때 내가 오늘을 열심히 살아야 할 이유가 있는 것이다.

강사를 돕는 강사

미래를 생각하지 않고 현실에만 충실했던 적이 있다. 바쁘다는 것을 위안 삼아 강의를 잘만하면 저절로 하고 싶거나 할 일이 생길 것이라고 믿었다. 실제로 돈이 곧 강의 품질이라고 믿는 강사들도 많았다. 그런데 그런 강사들을 천박하다고 비난하면서도 나도 모르게 질시하며 그것을 나의 미래로 꿈꾸고 있었다.

하지만 그것은 진정한 간지럼이 아니었다. 후배들에게 성공의 모델이 되는 것보다 더 중요한 일이 있는 듯했다. 20대가 제일 싫어하는 말이 '힘내'라는 격려라고 한다. 말로만 힘내라고 하지 말고 진짜 힘낼 수 있도록 도와달라는 거다. 마찬가지로 '나 봐라, 이렇게 하니 성공했다'라는 식보다 '도와줄 테니 함께 성공하자'라는 태도가 내가 가야 할 길이었다. 그래야 자기만 아는 강사라고 손가락질 받지 않을 것 같았다.

더구나 강사가 수없이 쏟아내는 말처럼 살지 않는다면 이것은 부끄러움 이전에 무책임한 일이다. 그럴 즈음 병아리 강사들 모임인 한국기업교육 'Leading Society(병아리 강사, 닭이 되는 그날까지 cafe.naver.com/bdflying)'를 알게 되면서 후배 강사들이 자신감을 가지고 영향력을 확대할 수 있도록 돕는 것을 사명으로 삼게 되었다. 이후에는 기존 강사들 모임인 (사)한국강사협회 명강사 육성과정 운영자로 참여하면서 책임감을 조금이나마 덜어내고 있다.

모임에 참여하며 놀란 사실은 강사를 꿈꾸는 사람들이 정말 많다는 것이었다. 우연한 기회를 통해 강사의 길을 걷게 된 나로서는 이 길을 일부러 찾아 나선 분들의 속마음까지 알지는 못했다. 그래서 나름대로 시간을 투자해 돕는다고 했지만 그분들의 갈증 해결에는 부족함이 있었음을 최근에 깨달았다.

고려대 평생교육원과 이화여대 글로벌미래평생교육원에는 명강사를 꿈꾸는 분들을 위한 단기과정이 개설되어 있다. 매주 한두 번의 수업과 실습을 통해 강사에게 필요한 소양과 스킬을 배우고, 명사들의 강의를 듣기도 한다. 또한 교안을 만들어서 시범 강의를 하고 부족한 점을 개선해가는데 이때 전문 강사의 도움을 필요로 해서 인연을 맺게 되었다.

거기서 만난 분들은 강의를 직업적으로 하고 있는 후배들과는 달랐다. 우선 살아온 이력이 다양하다. 군인부터 퇴직을 앞둔 공무원, 교수, 교장, 회사원, 자영업자, 시인, 일반주부까지 일일이 열거할 수 없을 정도다. 그리고 강의를 하려는 이유도 경제적인 것보다 자기 삶에 대한 의미 부여가 컸다. 사실 그분들이 살아왔던 시간에 버무려진 이야기는 분명 누군가에게 큰 자극제가 될 수 있었다.

다만 강의 자체가 그분들에게 도전이었다. 현역으로 있을 때는 직책이나 직급 같은 자리의 무게가 있기 때문에 강의를 못해도 문제될 것이 없었지만 자리를 치우고 나면 '강의력'만 남는다. '이제는 예비군 대상의 교육도 강의를 못하면 기회가 없다'고 걱정하던 전역예정 장성의 말이 생각난다. 자칫 나이 든 사람의 추억담이고 잔소리 같기 때문인데 처음엔 대부분 그것을 강의라고 생각한다.

강사 양성과정에서 만났던 최고령자는 85세의 선배였다. 선배라기보다 아버지뻘 되는 분이라 조심스럽게 강사가 되고 싶은 이유를 여쭤보았더니, 그냥 열심히 살고 싶을 뿐이라고 하셨다. 그분은 과정 내내 모범을 보이셨고 과정이 끝날 무렵 10여 분을 꼿꼿한 자세와 낭랑한 목소리로 동료들의 건투를 빌어주었는데, 그 모습이 무척 인상적이었다.

사람들을 돕는다면서도 그것조차 남에게 인정받기를 원했던 속내를 들킨 것 같아서 돈이나 명예 이외에도 내가 강의를 하는 이유를 찾아야 했다. 지금이 아니라 마지막까지 잘나가는 강사가 되려면 더욱 그랬다. 그래서 5년 후 내 모습을 보게 되었다.

강사를 돕는 강사. 선배 강사로서 책임을 다하면서 나를 설레게 하는 비전이 바로 이거였다. 비로소 간지러운 곳을 찾은 느낌이었다. 하루하루를 박박 긁어야 할 이유도 훨씬 분명해졌다. 만약 강사를 해야 할지 망설이고 있다면, 강의를 해야 하는 이유 다섯 가지를 적어봐라. 그리고 읽어봐라. 진짜로 그렇게 살면 멋지겠다고 가슴이 대답하면 이제 실천하라.

3장

가르치기 전에
강사가 배워야 할 것들

청중보다

강사부터

실천하라

세상만사가 그럴 수도 있지

'슬로건'은 어떤 조직이 일을 추진할 때 그들이 지향하는 생각이나 행동을 간결하게 나타내는 말이다. 그렇기에 자연스레 그 조직 구성원들의 언행에 영향을 미치게 된다. 과거 고도 성장기에 '안 되면 되게 하라' '잘 살아보세' 같은 슬로건이 부모님 세대의 근면과 성실함을 부추겼던 것도 그 때문이다.

정주영 회장이 남긴 인상 깊은 어록 중 '이봐, 해보기는 했어?'는 도전 의식을 북돋아주는 말로 지금까지 회자되고 있다. 아디다스의 'Impossible is nothing(불가능은 없다)'이나 애플의 'Think different(다르게 생각하라)'처럼 기업에 대한 호감을 높여주는 슬로건도 있다. 따라서 슬로건까지는 아니어도 강사 자신의 언행을 일관되게 단속할, 자기최면을 위한 메시지는 필요하다.

나는 관대하다

안성에 있는 N교육원에 처음 강의를 갔을 때 일이다. 장기간 교육 중이라 인사를 하고 나서 오늘이 몇 주째인지 물었다. 9주차라고 말하기에 "그렇게 오랫동안 교육을 받는지 몰랐네요. 그런데도 지치지 않는 모습이 대단합니다"고 치켜세우며 강의를 시작했다.

교육은 별 탈 없이 끝났다. 처음 맺은 인연을 잘 마무리했다는 가벼운 마음으로 담당자와 인사하고 나오려는데, 담당자가 "장기간 교육이라는 것을 몰랐다고 하면 어떻게 해요" 말하면서 정색을 했다. 당황스러웠지만 뭐라 할 말이 없어서 멍하니 바라만 보았다.

이유인즉 강사가 그런 식으로 말하면 교육생들이 담당자인 자신을 어떻게 생각하겠느냐, 정보를 제대로 전달하지 않은 걸로 오해할 수 있지 않겠느냐는 것이었다. 자기는 분명 강의 청탁서를 보낼 때 전체 일정표도 첨부했다면서 그것을 확인하고 왔어야 하지 않느냐고, 다음부터는 주의해달라는 이야기였다.

아무리 나보다 연장자라고 해도 명색이 교육을 하러 온 강사에게 훈계조로 말하는 것 같아 기분이 좋지 않았다. 그래서 첨부 자료가 없기만 하면 한바탕 해줄 요량으로 집에 오자마자 메일을 확인했는데 떡하니 일정표가 첨부되어 있었다. 언짢았던 기분을 가라앉히고 곱씹어보니 담당자가 그럴 수 있다는 생각이 들었다. 멀쩡히 일을 잘해놓고 쓸데없는 오해를 받는 것이 억울할 수도 있을 듯했다. 그때부터 담당자로부터 전달받은 메일은 몇 번이고 살펴보는 버릇이 생겼으니 꼭 나쁜 기억이라고만은 할 수 없겠다.

이처럼 내 입장을 벗어나 보면 세상에 그럴 수 없는 일은 없다. 다만 나와 상대를 동시에 고려할 수 있는 드론과 같은 시각을 갖는 것이 어려울 뿐이다. 그렇기에 늘 스스로에게 타이르는 말이 있다. 할리우드 영화 〈300〉의 유행어처럼 '나는 관대하다'를 틈나는 대로 되뇐다.

또 다른 경험도 있다. 어느 날, 이미 강의가 확정되었던 K은행 담당자로부터 전화를 받았다. 조심스러운 목소리로 전하기를, 상사가 바뀌었는데 강사님을 모르니 동영상 자료를 보자고 한다는 것이었다. 마땅히 보내줄 만한 자료가 없었기에 청강을 하면서 짧은 시간만 촬영을 하기로 했다.

문제는 당장 내일까지 필요하다는 것이다. 하필 다음 날 강의는 처음 가는 회사라서 다른 기업 담당자의 청강을 부탁하기가 쉽지 않았다. 내일은 어려울 것 같다고 말하니 그럼 강의할 때 나보고 녹음을 해서 파일로 보내주면 좋겠다는 것이다. 지나친 요구라서 거절할까 했지만 담당자 입장에서는 유튜브에 그 흔한 동영상 하나 올려놓지 못한 나의 게으름이 원망스러울 수도 있을 것 같았다.

본인이 무례함을 알면서 부탁할 정도면 상사 눈치를 봐야 하는 상황이었을 것이다. 결국 상사와 강사 사이에서 샌드위치가 되어버린 담당자를 모른 척할 수 없어서 다음 날 강의할 때 스마트폰으로 녹음하여 보내줬다. 다행히 강의는 예정대로 진행되었고, 지나고 나니 고객중심시대에 어쩌면 당연한 요구라는 생각이 들기도 했다.

그럴 수 없는 일은 없다

물론 모든 일이 순순히 이해되었던 것은 아니다. S식품회사에서의 경험은 충격이었다. 강의를 시작할 시간이 가까워져 강연장에 들어서니 여기저기 빈자리가 눈에 띄었고 담당자는 모두 도착하면 시작하자고 했다. 영업부문 교육이라 전국에서 개별적으로 연수원에 입소하도록 했는데 상당수가 제시간에 도착하지 못했던 것이다.

시작 시간이 지나고 한 명씩 강연장에 들어왔는데 20분쯤 지나고서야 마지막 세 명이 도착했다. 그런데 강연장 앞쪽에서 인상을 찌푸리고 있던 담당자가 그 셋에게 "나가!" 하고 반말로 크게 소리쳤다. 교육생들이 겸연쩍은 얼굴로 빈자리에 앉으려고 하니까 더 큰 목소리로 "내 말 안 들려? 빨리 나가, 너희는 교육 안 받아도 돼!"라며 차마 옮기기 어려운 욕까지 섞어가며 윽박을 질렀다.

물론 담당자가 교육생들보다 나이나 직급으로 선배이긴 했다. 그렇지만 교육장에서 욕을 하는 것은 상상도 못했던 일이었다. 나는 강연장 앞쪽에서 어찌할 바를 모르고 어색하게 앉아 있었다. 담당자가 내게 시간을 달라고 했고, 30분 가까이 영업사원들을 질타하는 바람에 결국 1시간 늦게 교육을 시작했다.

그동안 담당자들이 잘 차려놓은 밥상에 숟가락을 얹었다면 그날은 그야말로 눈칫밥을 먹어야 할 상황이었다. 교육생들 기분이 엉망인 상황에서 분위기를 전환하기까지 한동안 애를 먹었고 그럴수록 담당자의 안하무인 태도가 얼마나 원망스러웠는지 모른다.

기업에서 교육이란 말은 특별한 느낌이다. 경영 기획, 연구 개발, 생산, 영업, 자재 구매 등이 돈을 벌기 위해 고민한다면 교육은 사람을 성장시키는 일이 우선이기에 고상하고 숭고하기까지 하다. 그래서인지 교육 담당자들의 이미지는 하나같이 그런 일을 하기에 딱 맞는 모습이었는데 욕설을 내뱉는 담당자는 폭력 조직의 우두머리 같았다.

하지만 욕한 것을 빼놓고 생각하면 그 담당자가 겪는 고충이 어느 정도는 이해가 되었다. 사실 많은 회사들이 교육을 하려면 현업 부서의 눈치를 살핀다. 바쁜데 무슨 교육이냐며 비협조적인 경우도 적지 않다. 때문에 교육 시간에 늦게 오기도 하고 업무를 핑계로 중간에 되돌아가는 경우도 있다. 따라서 교육생의 태도에 문제가 있을 때 구짖는 일도 마다해서는 안 된다. 왜냐하면 교육 담당자의 관심이 교육 결과에 절대적이기 때문이다.

강의를 실감 나게 하려면 아무래도 여러 사례를 들게 된다. 특히 부부 관계나 육아 같은 상황을 소재로 하면 더욱 많은 공감을 불러일으킬 수 있다. 한번은 재미있게 표현하려고 아이에게 여러 번 주의를 줘도 말을 듣지 않으면 때려야 한다고 농담처럼 이야기했는데 청중 한 명이 낮은 목소리로 아이는 절대로 때리면 안 된다고 말했다.

그는 웃자고 말한 것이라고 양해를 구했더니 '아이'는 어떤 경우에도 때리면 안 되고 때려서는 어떠한 교육 효과도 없다'며 무안할 정도로 계속 반박을 하는 것이었다. 표정을 봐서는 '당신 같은 사람이 강사를 하면 되겠느냐'는 불쾌한 감정도 느껴졌다. 그런 의도는 아니었다고 정중히 사과를 하는데도 너무 고지식하게 따지는 것 같아 어이가 없었다.

때로 교육생들 입장에서는 동의하기 어려운 강사의 말을 그냥 듣고 있어야만 할 때도 있다. 극소수겠지만 강사의 특권이라며 궤변을 늘어놓기도 하고 자신의 경험을 과도하게 일반화하기도 한다. 그러다 분위기가 이상해지면 농담이라고 대수롭지 않게 넘어가버린다. 그러니 교육생의 주장을 문제 삼을 필요가 없다. 그럴 수 있다고 생각하면 아무것도 아니다.

도무지 이해가 안 되는 상황에 맞닥뜨리면, 그럴 수밖에 없는 이유가 있을 것이고 나는 그것을 모를 뿐이라고 스스로를 타이른다. 매 시간마다 강의 내용에 대해 간섭을 일삼던 담당자도 알고 보니 교육을 더 잘 끝내려는 욕심 때문이었고, 교육비가 적다며 이해해달라고 구차한 소리를 하던 담당자도 조직의 입장을 대변할 뿐이었다. 당시에는 힘들지만 지나고 나면 아무것도 아닐 순간들이 많다.

사람을 즐겁게 하는 행복 바이러스

감정노동자에 대한 관심이 그 어느 때보다 높다. 감정노동Emotional Labor 은 미국 사회학자 앨리 러셀 혹실드A. R. Hochschild가 저서 『통제된 마음 The Managed Heart』에서 처음 제시한 용어로 '직업상 다른 사람들의 기분을 좋게 하기 위해 자기감정을 어느 정도 관리해야 하는 일'이라고 정의했다.

그런 면에서 보면 강사도 감정노동자라고 할 수 있다. 왜냐하면 기업이나 조직에서 행하는 교육들이 대부분 강제로 이뤄지다 보니 교육생들의 태도가 무관심을 넘어 무례할 때도 많기 때문이다. 그렇다고 그것을 일일이 지적하면 교육 분위기가 엉망이 되고, 답답한 마음에 담당자에게 이야기하다 보면 어느새 투덜이 강사로 찍힐 수 있으니 감정을 입력하되 출력은 신중해야 한다.

감정은 전염된다

안면 피드백 이론Facial Feedback Hypothesis이 있다. 한 그룹은 이 사이에 볼펜을 물어 웃을 때 쓰는 얼굴 근육을 사용하도록 했고, 다른 그룹은 코와 윗입술 사이에 볼펜을 끼워서 인상을 찌푸릴 때의 근육을 사용하도록 했다. 그 상태로 만화를 보여줬더니 입에 볼펜을 문, 즉 웃는 근육을 사용한 그룹이 더 재미있게 봤다는 결과가 나왔다.

행복해서 웃는 게 아니라 웃으니까 행복하다는 말이 전혀 근거 없다고 할 수 없는 실험 결과다. 하지만 현실 속 교육생들의 표정은 스스로 웃을 수 있는 상황이 아니다. 심지어 곧 강사로 활동하기 위해 사내 강사로 선발돼 교육에 참여한 사람들조차 적극적이지 않다.

'힘들죠, 졸리죠, 듣기 싫죠, 빨리 끝났으면 좋겠다는 표정이네요'처럼 부정적인 말을 하는 강사가 의외로 많다. 그러고는 '힘내기 위해 기지개 한번 폅시다, 옆 사람 잠 좀 깨게 어깨를 두드려봅시다'라고 스트레칭을 유도한다. 상황을 부정적으로 묘사하면 현실도 그렇게 변해간다. 결국 강사의 부정적인 표현은 교육생들의 기분을 다운시킨다.

같은 상황이라면 "점심시간 이후라서 걱정했는데 표정이 밝아 다행입니다. 그래도 지칠 수 있으니 예방주사 차원에서 기지개 한번 켤까요?"라던가 "어제 늦게 끝나서 제시간에 못 시작할 줄 알았는데 정시에 자리에 앉아 있는 걸 보니 대단합니다. 여러분들을 위해 박수!"처럼 긍정적으로 분위기를 만드는 것이 필요하다.

특히 강사의 감정은 전염성이 강하다. 강사의 표정이 밝으면 교육생들까지 기분이 좋아지지만 심각한 표정을 지으면 분위기가 무거워진다. 바로 거울신경세포Mirror neuron 때문인데, 거울신경세포란 동물이 다른 개체의 움직임을 관찰할 때 그 동물의 행동을 거울처럼 똑같이 반영한다고 해서 붙여진 이름이다.

그러고 보면 친구를 잘 사귀어야 한다는 말도 일리가 있다. 우리의 눈은 자신의 얼굴보다 주변 사람들의 얼굴을 자주 보는데, 친구들이 긍정적이고 활기차고 밝은 표정이라면 자신도 그렇게 될 것이다. 더구나 부정적 감정이 긍정적 감정에 비해 무려 15배나 빠르게 퍼진다고 하니 강사의 미소는 꼭 필요하다.

사실 의사나 서비스업 종사자들처럼 강사의 직무 스트레스도 만만치가 않다. 일부지만 교육에 흥미를 잃고 스마트폰을 만지작거리거나 딴청을 피우면 신경이 쓰인다. 빡빡한 일정 탓에 꾸벅꾸벅 졸거나 질문을 해도 묵묵부답이고 가끔 '교육받아도 효과가 없다'며 반감을 나타내기도 한다.

생각 같아서는 싫은 소리를 한바탕 늘어놓고 싶지만 그런다고 상황이 좋아지지 않는다. 오히려 나머지 교육생까지 불편해져 침묵하게 되면 강사의 독백만 울려 퍼지게 된다. 어떤 강사는 '관심 없으면 괜찮으니까 나가라'고 하거나 '비싼 돈 들여 교육시키는데 이런 식이면 되겠느냐'며 훈계를 늘어놓기도 하는데 상황이 개선되지 않거나 진짜로 나가버리면 더욱 난감해진다.

일찍 끝내죠

방송극 교육을 할 때의 일이다. 강의를 시작하지도 않았는데 교육생 한 명이 일찍 끝내자며 자극했다. 불쾌했지만 최대한 자제를 하고 웃는 얼굴로 이야기했다.

"집에 들어가면 습관적으로 텔레비전을 켜는데요, 방송사 간에 경쟁이 치열해서인지 점점 끝나는 시간이 늦어지는 것 같습니다. 보기 싫어도 어쩔 수 없이 늦게까지 보게 됩니다."

"그럼 재미있게 해주세요."

"프로그램 만들기 힘드시죠. 재미있게 만든다고 만들어도 시청자들은 재미없다고 난리니, 그럴 때면 화나실 텐데 저도 마찬가지입니다."

은근히 부아가 치밀어 받아쳤더니 눈치를 챘는지 더는 대꾸가 없었다. 속으로 통쾌했지만 시간이 지나면서 내 마음도 불편해졌다. 돌이켜보면 강사를 무시했다기보다 교육 자체가 짜증스러워 그런 반응을 보였을지도 모르는데 괜스레 자존심이 상해 교육생을 비꼬았으니 감정 관리가 미숙했다.

그런 면에서 정치인들의 감정 관리를 보면 정말 놀라울 정도다. 자신을 비방한 상대를 만나도 아무 일 없던 것처럼 태연하게 웃으며 악수를 한다. 어제의 적이 오늘의 동지가 되는 일도 잦다. 감정보다 이성으로 마주해야 할 상황이 많은 것이다. 실제로 2008년 미국 대선에서 민주당 후보 오바마가 공화당 후보 매케인을 꺾고 미국 최초의 흑인 대통령이 될 수 있었던 이유 중 하나도 감정 관리였다.

미국 대선에서 텔레비전 토론의 영향력은 대단하다. 많은 유권자들에게 자신을 홍보할 수 있는 가장 좋은 기회이면서도 자칫 잘못하면 돌이킬 수 없는 나락으로 떨어지기도 한다. 1차 토론을 마치고 오바마가 정중히 악수를 청했는데 토론 내내 열세였던 매케인은 흥분한 얼굴로 오바마를 외면하고 그냥 퇴장한다. 결국 패배를 자인하는 꼴이 되었고 그것으로 게임이 끝났다는 게 정치평론가들의 평가다.

강사도 교육생을 변화시키려면 자신의 감정부터 추스를 수 있어야 한다. 감성 시대인 만큼 교육생과 공감할 수 있어야 지적 능력도 빛을 발하게 된다. 물론 화가 나도 무조건 참으라는 이야기가 아니라 긍정적으로 다스리라는 것이다.

독일 황제 빌헬름 1세는 당시 재상인 비스마르크가 스트레스가 쌓이면 자신에게 모두 풀도록 허락했다. 그러다 보니 정작 황제 자신은 스트레스를 해소할 길이 없어서 방에 돌아오면 물건을 집어 던지면서 화를 풀었다고 한다. 위에서 아래로 화를 푼 것이 아니라 아래에서 위로, 즉 백성들의 불만을 들어준 재상, 그런 재상의 스트레스를 받아준 황제, 참으로 멋진 일이 아닐 수 없다.

따라서 강사도 교육생이나 담당자에게 화를 낼 것이 아니라 자신의 화를 조절할 수 있는 방법이 필요하다. 분노 호르몬은 15초면 정점을 찍고 분해되기 시작해 15분이 지나면 거의 사라진다. 때문에 참는 것이 아니라 해소하기 위한 방법을 만들어야 한다. 예를 들어 강사는 이성으로만 일하는 것이 아니라 감정도 사용해야 한다. 화가 나면 지금이 감정을 사용해 교육생을 이해해야 하는 순간이라고 생각한다.

파란 하늘을 보면 기분이 상쾌해지고 잔뜩 흐린 하늘을 보면 울적해지는 것처럼 교육장 환경도 한몫할 수 있다. 지나치게 정형화된 배치보다 자유분방하게 공간을 배치하는 방식도 도움이 된다. 아직도 임원이 특강을 할 경우 책상 줄까지 신경 쓰는 기업이 있는데 그것만으로도 교육생들은 통제받는 느낌을 갖을 것이다.

축구 황제라 불리는 운동선수 리오넬 메시Lionel Messi가 뛰는 축구 중계를 보면 아나운서나 해설자로부터 자주 듣게 되는 말이 있다. 바로 '경기를 지배한다'는 말이다. 과거 한국 축구는 핑계가 많았다. '유럽파가 빠졌다, 날씨가 더웠다, 소집 기간이 짧았다' 등등. 따라서 메시 같은 강사가 되고 싶다면 교육생에게 지배당하지 말고 교육과 관련한 모든 요소를 지배할 수 있어야 한다.

혼자만 먹으면 배부르지 않다

인간은 독립적이면서도 상호의존적인 존재다. 누군가와 연결됨으로써 비로소 자신을 확장시켜 나간다. 정서적으로는 가족과 친구가, 업무적으로는 동료와 선후배가 그 역할을 담당한다. 특히 SNS가 확산되면서 이러한 연결고리는 더욱 가속화되고 다양화되고 있다.

그럼에도 강사는 외로워지기 쉽다. 강연장에서도 혼자고 강의가 끝나도 혼자다. 휴식 시간에 교육생끼리 담소를 나누고, 교육이 모두 끝난 후 왁자지껄한 모습으로 버스에 올라타고 나면 혼자만 덩그러니 남는다.

사람들과 만나는 것도 제약을 받는다. 남 앞에 서는 직업이라 강의 전날에 술을 마시는 모임은 빠지게 된다. 또한 정해진 시간대로 출퇴근하는 것이 아니기에 동료 강사들끼리 모이기는 정말 어렵다. 혹시 만나더라도 시장을 공유하다 보니 강의와 관련한 정보를 공유하기가 조심스럽다.

에이전시와 공존한다

사람들은 프리랜서를 동경한다. Freelance 혹은 freelancer는 어원에서도 알 수 있듯이 자유롭게 일하는 사람을 일컫는다. 중세시대 전쟁을 하려면 용병이 필요했는데, 용병을 계약할 때 사용하던 단위가 바로 lance였다. 주로 스위스 군인들이었고, 그들은 자신의 이익을 위해 싸우기 때문에 애국심, 대의명분, 고용주가 선한 사람인가 아닌가는 상관없었다.

프리랜서는 팀워크나 컬래버레이션보다 누가 돈을 더 지급하느냐가 중요하다. 어제까지 몸담았던 고용주에게 오늘은 칼을 겨눌 수도 있다. 강사도 프리랜서다. 때문에 인간관계보다 자신의 이익에 좀 더 충실할 수 있다.

직장 생활을 제대로 하려면 상사는 물론이고 후배들 눈치까지 살펴야 한다. 내키지 않아도 웃으며 사람들과 지내려니 스트레스가 이만저만 아니다. 그래서 자기 기분이 내키면 하고 그렇지 않으면 안 해도 되는 프리랜서를 부러워한다. 그렇지만 프리랜서도 인간관계로부터 자유롭다는 말이지 소홀히 해도 된다는 이야기는 결코 아니다.

교육업계에는 강의를 원하는 회사와 강사를 연결해주는 교육기관, 일명 에이전시들이 활동을 한다. 강사와 에이전시는 당연히 협력이 필요한 사이지만 의외로 서로에 대해 뒷담화 하는 경우가 많다. 대개는 돈 문제 때문이다.

에이전시가 강사를 소개하는 경우 통상 교육비의 30퍼센트 내외를 수수료로 가진다. 물론 경력이 많지 않거나 지명도가 없다면 그 비율은 에이전시에게 더 유리하게 조정되고, 반대 경우라면 강사의 비율이 올라가기도 한다.

처음 소개를 받고 강의를 가게 될 때만하도 아무 문제될 것이 없다. 오히려 앞으로도 잘해보자고 의기투합을 한다. 그런데 수수료가 아까워서 강의하러 간 회사 담당자에게 다음부터는 직접 연락을 하라고 말하는 강사가 있다. 에이전시 입장에서는 어렵게 영업해서 고객을 개척했는데 강사가 가로채는 일이니 협력 관계를 끝내는 것은 당연하다.

그런데 애매한 상황도 있다. 강사가 부탁한 것도 아닌데 회사에서 직접 강사에게 연락하는 경우다. 강사의 입장에서는 견물생심이라고 수수료까지 자기 몫으로 챙길 수 있기 때문에 에이전시를 배제하고 싶은 유혹을 느낀다. 그리고 에이전시가 제 역할을 못한 것이고, 자신의 강의가 괜찮았으니까 다시 연락을 준 거라고 생각할 수 있다.

그러나 나중에 이 사실을 알았다면 에이전시는 강사에게 섭섭함을 느낄 수밖에 없다. 자신의 노력 덕에 이 회사에 출강했는데, 이제와 자신을 따돌렸다고 생각할 수 있다. 따라서 동업자 정신으로 나눌수록 커지는 지혜를 실천해야 한다. 에이전시에게 연락 온 사실을 알려 상황을 공유하고 어떻게 처리할지를 에이전시에게 물어보는 것도 한 방법이다.

사실 에이전시는 강사를 시장에 소개하는 역할이 주다. 또한 에이전시들을 통해 기업과 시장 동향을 전해들을 수 있다. 따라서 수수료는 비용이 아니라 일을 하기 위한 투자가 맞다. 당연히 에이전시도 강사의 입장을 이해하려고 노력한다면 유능한 강사들과 각별한 파트너십을 맺을 수 있기 된다. 하지만 눈앞의 돈에 눈이 멀견 자기 덕에 돈을 벌고도 고마운지 모른다며 진흙탕 싸움을 벌이게 된다. 결국 사람도 잃고 평판도 잃고 만다.

누구라도 배울 것은 있다

죄수들에게 가장 가혹한 형벌은 독방이라고 한다. 그만큼 사람들과의 연결고리 없이 혼자 지내는 것은 힘들다. 일도 마찬가지다. 혼자서 북 치고 장구 치는 일은 쉽지 않다. 좋은 교육이 되려면 교육생이 도와줘야 한다. 그런 이유로 강의를 구성하는 방식 또한 교육생들이 참여하는 토의와 체험 위주의 교육으로 점차 바뀌고 있다.

사실 사람들은 한순간도 혼자 산 적이 없다. 누군가의 모습을 곁눈질로 훔쳐보며 흉내도 내고 자기 선택을 사람들로부터 확인받으며 삶을 만들어왔다. 처음부터 함께 살도록 최적화된 존재다. 때문에 강사는 사람들로부터 자유로울 수는 있어도 사람들에게 무심해서는 안 되는 직업이다. 가르친다고 생각하지 말고 그들을 통해 나도 커지고 있음을 감사해야 한다.

지금까지도 기억하는 아주 특별했던 경험이 하나 있다. 아침 6시에 했던 강의였다. 오래전 S그룹이 '7~4제(7시 출근~4시 퇴근)'를 시행하면서 직원 교육을 7시에 해봤던 터라 6시 강의도 별 어려움이 없을 줄 알았다. 하지만 평소 일어나던 시간에 강의를 하려니 정신도 몽롱했고 입도 잘 떨어지지 않았다. 가수들이 오전에 생목으로 노래 부르는 것을 힘들어하는 이유를 알 것 같았다.

그런데 더욱 놀라운 일은 그렇게 이른 시간인데도 반듯하게 앉아 있던 교육생들이다. 나에겐 특별한 하루였지만 그들에겐 일상이었다. 그들은 아침 6시에 늘 그렇게 하루를 시작하고 있었던 것이다. '정말 치열하게 살고 있구나!' 하는 감탄이 절로 나왔다. 강의는 내가 하고 있지만 나 또한 얻어가는 것이 많았다.

가끔 지방 강의를 위해 택시를 타려고 새벽에 집을 나선다. 근처 택시 정류장 부근에는 술집이 즐비한데 그 시간에도 전날의 회포를 풀고 있는 사람이 있는가 하면, 나보다 더 일찍 하루를 시작한 미화원들과 거리를 바삐 오가는 사람들을 보게 된다. 서울역에 도착하면 훨씬 많은 사람들의 다양한 하루를 만날 수 있다.

강사의 삶은 마치 일본만화 〈심야식당〉과 같다. 이 식당은 밤 12시부터 아침 7시까지 운영하는데 샐러리맨, 스트리퍼, 깡패, 게이 등 다양한 손님이 찾아온다. 서로 모르는 사이지만 '허기도 마음도 채워드립니다!'라는 식당의 캐치프레이즈처럼 음식을 먹으며 서로의 고민을 나누고 힘든 마음을 위로받는다. 식당과 강사가 다르다면, 음식 대신 강의로 기쁨과 좌절을 공유한다는 정도일 테다.

강사는 많은 사람을 만난다. 다른 상황에서, 다른 형편의 사람을 만나게 된다. '세 사람이 길을 가면 그중에는 반드시 나의 스승이 있다三人有行必有我師'는 공자의 말씀대로 강사에게는 배움의 기회가 널려 있다. 그런데도 벽을 높게 쌓고 교육생을 가볍게 본다면 혼자라서 행복한 것이 아니라 바보가 될 수도 있다. 한 명의 스승이 되려고 하지 말고 모두를 스승으로 여기는 자세가 필요하다. 강사가 배움에 게으르면 누구도 그에게 배우려고 하지 않을 것이다.

똑같이 생각하지 않기

알파고와 이세돌의 대국을 앞두고 바둑 전문가들은 하나같이 입을 모아 이세돌 9단의 손쉬운 승리를 점쳤다. 2015년 10월, 유럽 챔피언 판후이 2단과의 대국에서 알파고가 5전 전승을 거두긴 했지만 실력은 5단 정도에 불과했기 때문에 입신이라고 하는 이세돌 9단에게는 힘들 것이라는 판단이 지배적이었다.

그러나 결과는 1승 4패로 알파고의 승리였다. 그런데 과학자들은 알파고가 4승을 했음에도 이세돌의 1승에 더 큰 의미를 부여한다. 즉 알파고가 1패를 했다는 것은 인간을 대신하여 운전을 하고, 수술을 하고, 금융 투자를 할 경우 20퍼센트의 실패가 예측될 만큼 불완전하다는 것이다.

구글이 엄청난 돈을 투자하여 딥마인드를 인수한 이유가 바둑용 소프트웨어를 개발할 목적이 아님은 당연하다. 인공지능의 범용적 활용을 검증하는 차원에서 가장 인간적인, 인간만의 고유 영역이라고 믿었던 바둑을 통해 자신들의 역량을 평가해보려는 의도였다.

강함은 죽음이다

대학의 최고경영자과정에서 특강을 하는 경우가 자주 있다. 그곳에서 만나는 분 중 상당수는 소위 자수성가형 CEO다. 많은 사람들이 부와 명예를 원하지만 그것을 실제로 손에 쥔 사람은 많지 않은 만큼 성공한 CEO들의 삶은 그 자체가 이야기고 강의로서도 충분한 가치가 있다.

그런데 그분들과 이야기를 나누거나 그분들의 강의를 듣다 보면 배울 점이 많다는 생각보다 어딘지 거북스럽고 부담스러울 때가 많다. 자신의 성공 경험이 크면 클수록 확신에 찬 자신만의 세계가 있고 그것을 토대로 다른 사람을 평가하기 때문이다. 그래서 서로 다른 사고방식을 인정하는 데 무척 인색할 뿐 아니라 다른 사람에 대해서도 부정적인 평가를 자주 한다.

자기중심적일수록 공감 능력은 떨어질 수밖에 없다. 취업에 힘들어하는 청춘을 보던 '고생을 모른다, 편하게 살려고만 한다, 나약하다, 노력하지 않는다'고 진단해버린다. 자신이 살아왔던 경험에 비추어보면 한심할 뿐이라 여기고 다른 사람들의 성과에 대해서도 '그런 상황에서 못하는 게 바보'라고 폄하한다.

강의를 하던 초기에는 나를 포함해 주변 강사들도 그랬다. 아무래도 강사는 청중을 가르치는 입장이라고 생각했기 때문에 청중보다 모르면 강사의 체면이 깎인다고 생각해 만약 틀렸다고 하더라도 그것을 인정하지 못했다. 그러다 보니 강사끼리 모여도 상대의 이야기를 듣고 배우려고 하기보다 자신의 유식함을 돋보이고 싶어했다.

노자의 도덕경 76장을 보면 '군대가 강하면 패하게 된다是以兵强則不勝', 는 구절이 있다. 강한 것을 경계하라는 의미다. 사람이 태어날 때는 몸이 유연하지만 나이 들수록 단단해진다. 어린아이의 볼을 만지면 부드럽기 그지없지만 지금 자신의 볼을 만진다면 그런 느낌은 아니다. 나무가 성장할 때는 부드럽지만 죽은 나무는 말라서 굳게 된다. 만물이 살았을 때에는 부드럽지만 죽고 나면 말라서 딱딱해진다. 그러므로 굳은 것은 죽음이고 부드러운 것은 삶이다. 강하면 살고 약하면 죽는다는 것을 부정하고, 오히려 유연함이 생명 지탱의 근본 원리임을 강조한다.

강의가 일방적 설교나 주입이 아니라 청중의 마음을 움직이도록 설득하는 것이고, 그럼으로써 사람을 변하게 만드는 것이라면, 강사는 강하면 안 된다. 강하면 서로 부딪히게 되고 그러면 어느 한쪽이 상처를 입는다. 강사의 말은 맞고 청중은 틀렸다는 식도 곤란하다. 틀렸다고 비난하거나 꾸짖는다면 청중은 자신의 생각을 바꾸려고 하기보다 더 높은 벽을 세울 것이다.

성공이 실패의 지름길이다

월간 경영학 잡지 『하버드 비즈니스리뷰Harvard Business Review』 2013년 6월호에 실린 리타 건터 맥그래스Rita Gunter McGrath의 기고에 의하면 1970~80년대 미국 기업의 신규 사업 중 60퍼센트가 실행 6년 안에 실패했다. 그리고 3000개의 아이디어 중 신상품 개발에 착수하는 건 아홉 개이고, 실제 제품화는 네 개였으며 그중 단 하나만이 성공했다고 한다. 아이디어 단계부터 고려하면 무려 99.97퍼센트의 실패 확률에 이른다.

신규 사업의 실패 요인으로 꼽는 첫 번째는 기존 사업 방식에 대한 아집이다. 과거의 성공 경험이 새로운 운영 방식으로 접근해야 할 신규 사업에 걸림돌로 작용한 것이다. 『파괴적 혁신Disruptive Innovation』의 저자 클레이튼 크리스텐슨Clayton Christensen 교수는 성공한 기업의 최대 장점이 최악의 아킬레스건이 될 수 있다고 경고했다. 기업이 잘할 수 있는 일을 너무 열심히 하다 보니 오히려 실패하는 경우가 발생한다는 것이다.

높은 곳에 액자를 거는 순서를 차례대로 열거해보자. 우선 의자를 가져와 그 위에 올라선다. 적당한 위치를 잡고 못을 박고 액자를 건다. 그리고 액자가 바르게 걸렸는지를 확인한다. 주변에 사람이 있다면 그 사람에게 물어볼 것이고 아무도 없다면 의자를 내려와 멀찌감치 떨어져 액자를 올려다볼 것이다. 중요한 것은 높은 곳에 그대로 서 있다면 액자가 바른지 아닌지를 판단하기 쉽지 않다는 것이다. 굳이 비유하자면 의자 밑에 내려서는 것이 초심이요, 누군가에게 물어보는 것이 남의 이야기에 귀를 기울이는 것이다.

세상 살기가 힘들다 보니 '멘토'를 필요로 하는 사람들이 많아졌다. 기업에서도 신입사원들에게 일하는 방식을 가르치는 'OJTon the job training'와는 별도로 사회생활을 잘할 수 있도록 돕는 멘토링 제도도 시행하고 있다.

그런데 미국에서는 '역 멘토링reverse mentoring' 제도를 병행하고 있다. 요즘처럼 변화무쌍한 시대에는 멘티만 도움이 필요한 것이 아니라 멘토들도 새로운 시선으로 세상을 볼 필요가 있다는 것이다. 사회 초년생인 멘티의 생각과 감정을 듣다 보면 세상의 변화를 이해하는 데 도움이 된다는 것이 제도의 취지다.

집단 지성이나 통섭 같은 거창한 표현까지는 필요 없다. 다른 것은 틀린 것이 아니라는 진부한 표현이라도 좋다. 자신의 경험만 과신하고 사는 태도는 세상을 모 아니면 도라는 마음으로 사는 태도와 다를 게 없다. 미래를 확률이 아니라 확신을 가지고 살고 싶다면 서로 다른 경험을 한데 묶으려고 애써야 한다.

심리학을 전공했기에 나의 주된 강의 분야는 리더십, 갈등 관리, 조직 문화, 커뮤니케이션 등이었다. 그런데 기업은 일을 매개로 모인 집단인 만큼 그것을 배제하고 사람 이야기만 강조하는 것은 때때로 공허하게 느껴질 때가 있었다. 대기업에서 근무해본 경험이 없기에 이러한 부분을 해결할 방법도 마땅히 찾지 못했다.

그렇게 시간이 흘러 2000년대 초, 글로벌 기업인 H사에서 경영기획실장을 했던 분과 일할 기회가 생겼다. 그분은 글로벌 기업의 성과 관리 시스템과 인사 평가 시스템을 우리나라 기업에 접목하는 일을 했는데 성격상 강의보다 컨설팅이 많았고 여러 사람의 일손이 필요해 나와 인연이 되었다. 그때 어깨너머로 배운 성과 관리 프로세스는 이후 내 강의에 활력을 불어넣는 중요한 영향을 끼쳤다.

사람을 강조한 교육은 업무적 시각으로 보면 현실감이 부족할 수 있다. 반대로 업무 중심의 교육은 비인간적이라고 할 만큼 너무 현실적이고 딱딱해서 재미가 없다. 그러나 성과 관리와 리더십 교육을 통합하여 진행하니 사람 위주의 리더십 교육이지만 상당히 실제적인 내용이 되었고, 성과 관리 교육도 부드러운 느낌을 줄 수 있어서 다른 강사들과 차별화되었다.

만약 그때 전공과 다르고 잘하는 분야가 아니라고 해서 그 기회를 붙잡지 않았더라면, 또는 컨설팅 보조나 하는 것을 체면 구기는 일이라 여겼다면 오늘 같은 지혜는 얻지 못했을 것이다. 어쩌면 우리 주변에 귀인이 없는 것이 아니라 그 사람들의 말에 귀 기울이지 않고 있을 뿐이라는 생각도 했다.

후회는 말하는 데서 오고 지혜는 듣는 데서 온다는 격언처럼, 자신을 돋보이려고 말을 많이 해보았자 괜한 말을 한 게 아닌지 걱정만 남는다. 그리고 생각과 감정의 차이에도 논쟁하지 않고 그 사람의 이야기에 귀를 기울이다 보면 훨씬 많은 지혜를 얻을 수 있다. 비록 강의하면서 적을 만들지 않겠다는 의도된 습관이긴 했지만 자기 경험에 얽매이지 않는 것은 현경한 태도다.

변화를 읽어내는 감각

요즘 아재 개그가 유행이다. 아저씨를 일컫는 '아재'라는 단어에서 알 수 있듯 유행에서 한참 떨어진 구식 농담을 천연덕스레 던져 웃음을 주는 개그를 말한다. 깨알 같은 재미가 있고 곱씹어보면 추억도 떠오른다. 그러나 시대정신에 맞지 않고 청중들이 불편해할 수도 있는 농담을 아무렇지 않게 하면 되레 청중들이 어떤 표정을 지어야 할지 난감해하는 경우도 있다.

SNS도 마찬가지다. 여러 사람이 공유하는 모임방에는 갖가지 이야기가 올라온다. 의미는 있지만 읽기 힘든, 그것도 직접 작성한 것이 아니라 다른 곳에서 퍼 나른 장황한 정보부터 성을 희화화하여 자칫하면 문제가 될 만한 자료가 올라오기도 한다. 더구나 자신의 근황을 너무나 친절하게 사진까지 찍어 지속적으로 올린다.

처음 몇 번은 예의상 반응을 해주지만 지속되면 관심 밖으로 벗어나 그만의 그득한 외침으로 끝난다. 이럴 때면 스스로 멈출 줄 아는 절제력이 필요하다. 한편, 예의를 지키는 것은 좋지만 이미 폭풍 댓글이 지나간 뒤에 뜬금없이 반응을 올리는 '뒷북치기'도 당황스럽기는 매한가지다.

강사는 게이트키퍼다

타이밍에 맞춰 행동하는 것이 쉬운 일은 아니다. 각기 다른 장소와 분위기에 따라 적절한 대화 소재를 끄집어내는 것도 분명 특별한 능력이다. 물론 경험이 많아서 자연스럽게 그럴 수 있다면 그 사람의 삶을 부러워하고 말견 그만이다. 하지만 경험이 많다고 저절로 되지는 않는다. 오히려 자기 자랑이나 잘난 척으로 비춰질 수도 있고 주관을 객관화하는 오류를 범할 수도 있는 만큼 체계적인 정보 습득에 민감해야 한다.

문화인류학에서는 '게이트키퍼Gatekeeper'라는 말이 있다. 박물관, 미술관 등에서 각종 문화 전시를 기획하는 큐레이터처럼 수많은 글, 작품, 상품 중에서 쓸 만한 것을 골라 알기 쉽게 정리해주는 사람을 뜻한다. 정보 홍수의 시대에 일반인들이 모든 정보를 접할 수도 없고 접한다고 해도 그 의미를 알 수 없다면 개 발에 편자와 다름없다. 바로 그때 선택의 기준을 제시하여 관심의 물꼬를 터주는 역할을 한다.

하지만 게이트 키퍼가 편견에 사로잡혀 특정한 사실에만 의미를 부여한다면 다양성을 저해하는 장벽이 될 수 있다. 그래서 창의적인 일을 하는 사람들은 이들이 자신들의 등용문을 가로막는다는 부정적 의미로 받아들였고 독재 국가에서는 반정부적인 내용을 삭제하는 사람으로 쓰이기도 했다.

따라서 입장에 따라 게이트키퍼의 역할에 대해서는 긍정과 부정의 시각이 교차하지만 그 존재감은 점점 커지고 있다. 즉 유통업의 MD^{Merchandiser}나 출판업의 편집자처럼 새로운 아이디어를 선도하는 사람들이며 기업에서는 정보의 흐름을 수집, 공표 따위를 통제하는 사람이다.

현재 미국에서 최강의 패션 게이트키퍼 중 한 사람은 테비 게빈슨$^{Tavi\ Gevinson}$이다. 1996년생인 그녀는 불과 12살에 '스타일 루키'라는 블로그를 열고 패션계의 주목을 받았다. 블로그의 폭발적인 인기로 〈루키 매거진〉의 편집장이 되었고, 뉴욕타임스, 보그 등의 편집장과 패션에 관한 의견을 교환하고 글을 남길 수 있는 위치가 되었으며, TED에서 강의한 바 있다. 그녀를 보면 게이트키퍼의 역할이 얼마나 커지고 있는지를 확실히 알 수 있다.

게이트키퍼는 세상 곳곳을 골고루 비춰주는 것이 아니라 특정 부분을 확대해서 보여줌으로써 사람들의 관심을 모으고 행동을 유도한다. 때문에 스스로 도덕적이지 못하면 우리나라 파워 블로거들이 자신의 영향력을 상업적으로 이용하는 것 같은 문제가 발생하기도 한다.

그런 면에서 강사도 당연히 게이트키퍼의 역할을 해야 하며 윤리적이어야 한다. 이를 위해 다양한 정보를 다운로드 받아 객관적 기준으로 걸러진 정보와 청중을 이어줄 수 있어야 한다. 만약 유력 신문이나 방송, 인터넷 포탈의 이야기를 그대로 전한다면 강의는 게이트키핑이 아니라 스트리밍 서비스에 불과하다.

돈을 주고 정보를 산다

외국에서 돈 주고 물을 사먹는다는 이야기가 이해되지 않던 시절이 있었다. 우리는 물을 물처럼 보고 살던 때였으니 당연하다. 하지만 지금은 물을 사먹는 것이 전혀 이상하지 않은 시대다. 프리미엄이라고 해서 일반 생수보다 몇 배나 비싼 물도 있고 그것을 감별해주는 '워터 소믈리에'까지 생겨났다.

정보도 널려 있어서 부지런히 찾으면 얻을 수 있는 정보가 있고 돈을 줘야만 하는 프리미엄 정보도 있다. 고급 정보이기 때문만은 아니다. 수많은 정보를 일일이 찾아다니는 것도 어렵지만 옥석을 가리고 필요한 정보를 제때 구하기도 번거롭다면 자기만의 정보원을 둬야 한다.

이는 노량진 수산시장에 단골가게가 있는 것과 없는 것의 차이와 같다. 아무리 발품을 팔아도 비전문가인 내 판단만으로 좋은 생선을 구입하는 것은 한계가 있다. 그러나 믿을 만한 사람과 아닌 사람을 구별하는 것은 할 수 있다. 믿을 수 있는 가게를 만났다면 다음부터 좋은 생선을 구입하는 게 좀 더 수월해진다. 음식 맛은 손맛이라고 해도 유명한 셰프들이 원재료를 구매할 때 까다롭게 구는 이유도 그래서인 것 같다.

무료로 정보를 구한다면 일반적인 뉴스 외에도 기획 뉴스가 많고 강의용 자료처럼 슬라이드 구성으로 뉴스를 제공하기도 하는 방송 사이트가 도움이 된다. 월드 리포트라고 해서 해외 정보와 재미난 동영상 자료도 있어서 운 좋으면 꽤 좋은 소스를 건질 수도 있다. 앞에서 소개한 프랑스 사람들의 바캉스 이야기도 이곳을 통해 아이디어를 얻은 것이다.

주로 기업을 상대해서 강의를 한다면 비즈니스 정보에는 민감해야 한다. 성공의 아이콘이었던 기업이 이미 쇠락의 길을 걷는 경우도 있고 귀감이 되었던 CEO는 부도덕한 사생활로 이미지가 예전 같지 않을 수 있다. 경제 상황에 따라 업종 간에 부침도 심하기에 강의 가기 전에는 반드시 그 기업과 업종 관련한 최신 정보를 검색하는 것도 잊지 말아야 한다.

정기적으로 약간의 돈을 지불하여 유력 신문사의 비즈니스 포털을 활용하는 것도 괜찮다. 신문사는 정보량도 방대하고 해외 언론사와도 연계가 되어 있어 최신 흐름을 이해하는 데 유용하다. D일보 비즈니스 리뷰의 경우 월 2만원을 내면 일주일에 서너 차례 메일을 보내주는 구독 서비스를 제공하고 있다. 이런 것을 받아놓고 시간이 될 때 일괄 확인할 수도 있을 것이다.

신간 서적도 빠뜨릴 수 없는 항목이다. 워낙 많아 모두 확인할 수는 없겠지만 최소 한 달에 한 번씩은 대형 서점의 베스트셀러를 검색해야 대중의 관심사를 알 수 있다. 베스트셀러나 스테디셀러는 서평이나 목차라도 확인해둔다. 아니면 일정한 비용을 지불하면 신간 요약 정보를 제공해주는 '10분 독서' 같은 서비스를 이용해도 편리하다.

그러나 시장의 변화를 읽는 가장 적극적인 방법은 고객과의 만남을 자주 하는 것이다. 고객이 흘린 한마디를 찾아서 경영 정책에 반영하고 개선하는 것을 '원트슬립want-slip'이라고 하는데, 고객과 소통하지 않고 과도한 자신감으로 대응하면 참담한 실패를 맛보기도 한다.

영국의 천연과일음료 브랜드 '이노센트innocent'는 고객의 경험을 존중한다. 창업이전부터 임시 가판대를 설치해 '직장을 그만두고 스무디 장사를 해도 될 것 같습니까?'라는 현수막을 내걸었다. 한쪽 쓰레기통엔 'Yes' 또 한쪽엔 'No'라고 써놓고 스무디를 사먹은 고객들에게 빈 병을 원하는 곳에 버리도록 부탁했다. 마지막 날 'Yes'라고 씌어 있는 쓰레기

통이 꽉 찼고 그 즉시 사표를 냈다. 또한 그들이 판매하는 유리병 상표는 글이 거꾸로 쓰여 있는데 뒤집어서 읽다 보면 '잘 흔들어서 마시라'는 내용이 나온다. 그리고 용기를 요리조리 뒤집어보는 소비자들을 위해 종이팩 바닥에는 '밑바닥 좀 그만 쳐다보세요'라는 장난스러운 문구를 써놓아 고객에게 웃음을 준다. 모든 것을 고객의 관점으로 접근하기 때문에 나온 결과물이다.

더 나은 강의는 자신의 진화만으로 이뤄지지 않는다. MS 윈도우8이 최고의 혁신이란 기술적 찬사에도 10조 원의 손실을 본 것은 고객의 관점을 놓쳤기 때문이다. 고객이 만나자고 하면 적은 시간 강의하면서 귀찮게 한다고 생각할 수도 있다. 하지만 만나서 듣는 정보를 활용하면 강의에 도움이 될 뿐더러 그것을 강의에 반영하면 할수록 당신을 신뢰하는 한 덩의 고객이 생긴다. 따라서 세상의 변화에 관심 갖고 고객 만나길 좋아하는 강사라면 누구보다 멋지게 변화에 적응하고 때로는 변화를 선도할 수 있다.

No라고 말할 수 있는 용기

백화점에서 물건 가격을 깎아본 적이 있느냐고 물어보면 의외로 대답하는 이들이 적다. 깎지 못했던 이유도 대부분 '정찰제' 때문이다. 운전을 하면서는 이러저런 이유로 교통법규를 위반하면서 정찰제는 꼬박꼬박 준수하는 것은 앞뒤가 맞지 않다. 더구나 정찰제를 어긴다고 스티커를 발부하는 것도 아닌데 말이다.

솔직히 말하면 정찰제가 아니라 깎아달라고 말할 용기가 없을 뿐이다. 깎아달라고 해봐야 "지금은 세일 기간이 아닙니다"라며 가격 대신 체면만 깎일까 걱정해서다. 하지만 입 밖으로 말을 하게 되면 원하는 것을 얻을 수 있다. '우는 아이 젖 더 준다' '병은 소문을 내라' 등의 속담이 괜히 생긴 말이 아님을 알 수 있다.

예상치 못한 사고는 언제나 있다

강의를 시작한 지 얼마 되지 않았을 때는 청중 앞에 서는 것이 부담스러웠다. 얼마나 긴장되는지, 말을 시작하려면 턱이 덜덜 떨리는 게 느껴질 정도였다. 이 일을 평생 한다고 생각하니 숨이 콱 막혀 강사를 그만둘까 진지하게 생각해보기도 했다.

그러던 어느 날, 모 그룹 과장급 직원들을 대상으로 강의하게 되었다. 주제가 인간관계였다. 청중의 시선으로 보면 자신들처럼 대기업에서 근무해본 경험도 없는 사회생활 3년차 후배에게 인간관계를 듣는다는 게 우스울 것 같다는 느낌이었다. 하여간 교육장까지 가는 내내 두근거렸다.

차에서 내려서 긴장감을 털어내려고 크게 기지개를 폈는데 아뿔싸, 셔츠 등판이 북하고 찢어졌다. 헐크가 변신할 때의 모습까지는 아니었지만 상황은 비슷했다. 다행히 등 쪽이라 겉옷을 입으면 숨길 수 있었지만 문제가 있었다.

땀을 많이 흘리는 탓도 있지만 겉옷을 입으면 왠지 분위기가 딱딱해서 겉옷을 벗고 강의하는 습관이 있었다. 그런데 겉옷을 벗은 뒤 돌아서면 너덜너덜한 셔츠가 보이니 꼼짝없이 겉옷을 입고 강의할 수밖에 없었다. 결국 한 시간이 1년 같은 느낌으로 지나갔다. 뭔가 대책이 필요했다. 그래서 자초지종을 이야기하고 겉옷을 벗으니 웃음보가 터졌지만 나머지 시간은 무사히 마무리할 수 있었다.

일을 하다 보면 원치 않은 상황이 발생할 수 있다. 충분히 예상할 수 있었던 상황이라면 그것은 사고가 아니라 실수다. 실수라면 신속하게 사과하는 것이 상책이다. 하지만 전혀 상상도 할 수 없었던 일이 발생했다면 정중하게 상황을 설명하고 도움을 청하는 것이 바람직한 대책이다. 사고를 숨기려고 하면 일이 더 꼬여버리는 경우도 있고, 실수인데도 사과 없이 어쩔 수 없는 일이라고 해명하면 비겁한 변명처럼 느껴진다.

1994년 미국 월드컵 때 일이다. 당시만 해도 본선 1승에 대한 염원이 너무나 간절했다. 더구나 강적 스페인과의 1차전을 무승부로 잘 끝냈기 때문에 볼리비아와의 2차전이 더욱 기대가 되었다. 하지만 시차 때문에 경기 시간은 오후 3시였고 강의 시간과 딱 겹쳤다.

담당자도 청중의 마음을 알지만 교육을 왔는데 그 시간에 축구를 보자고 먼저 말할 형편은 아니었다. 그러나 청중의 관심이 콩밭에 가 있는 상황에서 강의 진행이 어렵다는 것도 충분히 예상할 수 있었다. 그래서 점심과 저녁 식사시간을 30분씩 줄이고 끝내는 시간을 30분 미뤄 함께 응원하자고 먼저 제안을 했다. 경기는 아쉽게도 무승부로 끝났지만 함께 맘 졸이며 응원을 했더니 청중들과 일심동체가 되었고 강의도 잘 끝났다. 그 후 올림픽이나 월드컵, 월드베이스볼클래식처럼 청중들의 관심이 높은 경기는 미리 일정을 체크하여 강의 요청을 받을 때 담당자에게 알려주기도 한다.

아무거나 해주세요

강의 시간 도중에 점심 식사를 하게 될 경우 연수원 밖에서 하자는 경우가 있다. 여기에 임원이라도 함께 참석하면 최악이다. 물론 식사 대접을 한다니 감사하다. 그러나 식사를 빨리 하고 강연장에서 휴식을 취하는 게 오후 강의에는 훨씬 도움이 되기 때문에 부담스러운 호의다.

임원이 배석하기라도 하면 말이 길어져 오후 강의 시간에 촉박해서 돌아오거나 약간 늦어지기도 한다. 맥주라도 한 잔 마시면 정신이 없다. 술이 약한 것은 아닌데 조금만 마셔도 얼굴이 빨갛게 되는 체질이라 강의 중에는 절대 술을 마시지 않는다.

그런데 임원이 권하니 딱히 거절을 못하고 한 잔 마신 것이 독주가 되어 얼굴에 불이 난다. 청중이 눈치챌까 봐 얼굴에 자꾸 손이 올라가고 청중보다 화면 쪽으로 시선을 돌린다. 산만하게 강의를 끝내고 임원을 원망한들 무슨 소용이 있겠는가, 입 뒀다 'No'라고 거절 못한 나를 탓해야지!

반대의 경우도 있다. 교육받는 후배 직원들을 격려한다고 임원들이 오는 경우가 있다. 특식을 사주면서 반주 한잔씩 하자고 발동을 건다. 모두가 임원의 눈치를 살피는데 내가 안 된다고 하기가 난처해 모른 척하면 자연스럽게 몇 잔이 돌아간다. 오후 교육장 분위기는 짐작이 갈 거다. 낮술을 이기지 못해 꾸벅거리기도 하고 아예 자리를 비운다. 그때 발등을 찍어도 소용없다. 단호하게 'No'라고 말하지 못했으니 자업자득이다.

지금처럼 금연이 강조되기 전에 있었던 일이다. 수입담배회사의 팀장 교육이 있었다. 자신들은 담배를 판매하기 때문에 사무실에서 일할 때나 회의할 때 담배를 편하게 피운다고 했다. 그러니 교육할 때도 담배를 피울 테니 내지도 담배를 피면서 강의를 하라는 것이었다. 편한 대로 하라고 했지만 담배 연기 가득찬 너구리굴 같은 강연장에서 서너 시간을 말하고 나니 녹초가 되었다. 역시 'No'일 땐 'No'라고 해야 했다.

사실 성인들에게 '하지 마라, 하지 마라'라고 자꾸 간섭하면 아이 취급하는 것 같아 말하지 않았다. 그런 상황마저 감당할 수 있어야 명강사라고 생각해서 가끔은 그런 상황을 즐기려고도 했다. 하지만 부질없다.

강사는 강의 결과로 이야기하는 만큼 방해 요소를 최대한 없애고자 노력해야 한다. 음악가들이 리허설 하듯 할 수는 없겠지만 원하는 상황을 당당하게 말해야 더 좋은 강의가 될 수 있다.

2008년 세계금융위기의 힘겨움이 고스란히 남아 있던 연말, 중소기업에서 1월 1일 아침 9시에 강의를 해달라는 요청을 받았다. 1일 새벽에 산 정상에 올라가서 해돋이를 본 후 내려오면 합심해서 위기를 이겨내자는 의미의 강의였다. 나름 의미 있는 강의였지만 정초부터 다른 회사의 훈수를 둘 것이 아니라 우리 회사부터 돌봐야겠다는 생각이 들었다. 그리고 이모저모 따져도 전체적 분위기가 강의를 듣기 보다는 서로 덕담을 나누면서 의욕을 다지는 것이 훨씬 맞을 것 같아 거절을 했다.

자신이 할 수 있는 강의와 상대의 요청이 뭔가 일치하지 않는다면 좀 더 신중히 대답해야 한다. 담당자 중에는 강의 결과보다 분위기를 더 중시해서 강의력을 믿을 수 있는 강사에게 아무 주제나 부탁하는 경우가 있다.

나도 그런 경우가 있어서 '내가 분야가 아니다'라고 거절하면 '제목만 그렇게 해놓고 할 수 있는 것을 하면 된다'며 막무가내로 부탁을 한다. 이럴 때 강의 욕심에 'Yes' 하면 낭패를 볼 수 있다. 담당자는 아무것이나 하라지만 청중 중 일부는 그 제목의 내용을 기대하고 있기 때문에 듣고 나서 왜 주제와 강의 내용이 다르냐고 따지면 고스란히 강사의 책임이 된다. 제일 어려운 주문은 역시 '아무것이나'다.

갑질이 문제되는 세상에서 강사의 지위를 갑을 관계로 설명하는 것이 적절한지 모르겠지만 어쨌든 초보 강사라면 약자다. 그래서 문제가 있어도 혼자서 해결하려 애쓰고 결국 한계 상황에 와서야 말을 꺼내 해결이 어렵게 만든다. 하지만 강사라면 어떤 상황에서도 적극적으로 말해야 한다. 초보 딱지를 떼어내고 덩강사가 되었다고 해서 갑질을 하라는 이야기는 아니다. 좋은 강의를 위해 담당자나 청중의 힘을 당당히 빌리라는 이야기다. 강사로 살다 보면 알게 된다. 자신이 그냥 말이 많아지는 것이 아니라 필요한 상황에 꼭 필요한 말만 많아진다는 것을.

결코 마르지 않는 '긍정의 힘'

올림픽에서는 세계랭킹 1위가 금메달을 따지 못하는 징크스가 있다고 하는데 굳이 징크스라고 할 일은 아니다. 1위를 차지한 단 한 명에게 비슷한 기량을 가진 여러 선수들이 도전장을 내미는 형국이니 계속해서 그 자리를 지킨다는 것은 쉽지만은 않을 테다.

그런데도 언론은 '누구의 시대는 끝났다'고 호들갑을 떨고 '불행한 은메달'이라며 선수에게 상처를 각인시킨다. 그러면 선수들도 큰 잘못을 한 것처럼 자신을 탓하며 "죄송합니다. 다음에는 꼭 금메달을 따겠습니다" 하고 굳은 결의를 보인다. 리우올림픽에서 여자 양궁 단체전 8연패를 달성한 후 한 선수가 "기쁘지만 전통을 이어가야 할 후배들이 안쓰럽습니다"라고 걱정하는 것을 보면 항상 잘해야 한다는 부담이 엄청난 것 같다.

불행한 은메달은 없다

미국 코넬대 연구는 그것이 마음의 문제라고 설명한다. 바르셀로나 올림픽에서 동메달을 획득한 선수는 자신의 결과에 대해 10점 만점 중 7.1점의 만족도를 보인 반면 은메달리스트들은 4.8점에 불과했다. 객관적으로는 나은 성적이지만 은메달리스트는 '조금만 더 했으면 금메달인데'라며 자신을 패배자로 보았지만 동메달리스트는 '메달을 땄다'그 '성공 프레임Success Frame'으로 생각한 것이다.

결국 프레임은 세상을 보는 창이자 어떤 문제를 바라보는 관점, 사고방식, 고정관념이다. 세상 자체보다 우리가 끼고 있는 안경의 색깔대로 세상을 경험하고 있다. 그런 면에서 강사는 경쟁 프레임에 빠지기 쉽고 상처를 자주 받는다.

다음에 기회가 있으면 또 연락하겠다며 연락주지 않는 경우는 양반이다. 여러 번으로 예정된 강의였는데 한 번의 강연 이후 이어질 일정을 모두 취소해버린다면 자신에게 실망할 수밖에 없다. 물론 전체적으로 부정적 반응이 많다면 먼저 자신의 문제에 주목해야 하고 쓴소리도 꿀꺽 삼켜야 잘나가는 강사가 된다고 앞에서 언급한 바 있다.

필요 이상으로 주눅 들거나 위축되는 것은 강의를 떠나 삶에도 도움이 되지 않는다. 일부 청중은 회사에 대한 불만을 교육 결과에 반영하기도 한다. 담당자가 분위기 조성에 신경 쓰지 않아 일부는 전날 과음으로 계속 졸고 있고, 상사일 경우엔 과도하게 눈치를 봐서 자리를 이석하거나 두리한 시간 변경을 요구하는 적도 있다.

자신에게 냉정하되 너무 차갑게 대하지는 말자. 강사는 수많은 사람과 만나기 때문에 누구보다도 '회복탄력성Resilience'이 강해야 한다. 회복

탄력성은 심각한 시련에서도 다시 일어설 뿐만 아니라 심지어 더욱 풍부해지는 인간의 능력이다. 이는 타고나는 것이 아니라 세상을 살면서 얻게 되는 선물인데 강사는 그럴 기회가 누구보다 많다. 강의가 끝났을 때 청중의 박수 소리, 이제껏 들은 강의 중 최고였다고 엄지를 추어올리는 청중, 명함을 달라며 다른 곳에 소개하겠다는 청중 등등 좋았던 기억을 곱씹으며 마음을 굳건히 다지면 어려울 때도 이겨낼 수 있다.

강사에게 어려운 상황이라면 가족 중 누가 병이 위중할 때다. 경사는 오래전부터 예정된 일이라 그 날짜에 강의 약속을 하지 않으면 되지만 좋지 않은 일은 예상할 수 없기 때문에 강의 시간과 겹치는 경우가 많다.

10여 년 전, 아버지가 대장암 4기로 수술을 하셔야 하는데 두 달 전 약속된 강의라 아버지는 수술실로, 나는 강연장으로 향할 수밖에 없었다. 그리고 최악의 상황이라도 중간에 달려갈 수는 없기 때문에 '강의를 잘 끝내면 수술도 잘 끝날 것'이란 심정으로 휴대전화를 꺼놓고 강의에 전념했다. 불안한 마음으로 휴대전화를 다시 켰을 때 다행히 아무런 메시지가 없었고 수술도 잘 끝났다. 만약 긍정의 마음이 부족했다면 이런 상황에서도 청중을 즐겁게 만들어야 하는 자신의 모습에 회의가 들었을지도 모른다.

봄은 가고 또 온다

국제 경기에서 우리가 꼭 이겨야 할 나라가 있다면 일본일 것이다. 우리나라와 경기를 하지 않더라도 일본이 졌다는 소식을 들으면 기분이 좋다. 이처럼 누군가의 실패를 즐거워하는 심리를 독일어로 '샤덴 프로이데Shaden freude'라고 한다. 고통이라는 뜻의 Shaden과 즐거움이라는 뜻의

Freude. 이 상반된 두 단어가 합쳐진 단어로, 이런 복합적인 감정은 진화의 한 형태이며 자연스러운 것이다.

그러나 자기 긍정심이 부족할수록 샤덴 프로이데는 자연스러움 이상으로 우리를 지배할 수 있다. 팀으로 강의하려 어떤 강사가 제일 반응이 좋은지 신경 쓰인다. 더구나 후배 강사보다 평가가 못하면 창피함까지 더해져 체면이 말이 아니다. 은근히 후배가 잘못하기를 바란다. 그래야 어부지리라고 하더라도 내가 나아 보일 수 있다.

하지만 이런 마음으로 가는 것은 함께 망하는 지름길이다. 내가 부족할 때 후배라도 잘해서 전체 프로그램을 잘 끝내야 한다. 그래야 나의 허물도 가려질 수 있다. 우리는 팀이기 때문이다. 일본과의 축구 경기에서 지고 있다면 선수들은 우리 팀 누구라도 골을 넣어 승부를 뒤집어주길 원할 것이다. 팀이 지는 것보다 이기는 것이 좋기 때문이다. 물론 골을 넣은 '누구'가 자기라면 최상이다.

결국 샤덴 프로이데를 극복하는 방법은 자신에 대한 긍정적 믿음이고 이를 가능하게 하는 실력이다. 2015년 메르스 사태로 인해 거의 모든 교육이 취소된 적이 있다. 모두가 한가하다고 위안해도 사태가 해결되면 바빠질 강사는 바빠진다. 어부지리로 생긴 일이 계속해서 내 몫일 리 없고 그렇다고 다른 강사의 성장을 질투하면서 매일매일 살 수도 없다. 기업에서 사내 강사를 육성해줄 기회가 많이 있다. 그럴 때마다 꼭 하는 말이 있다.

"사내 강사를 육성하면 우리 같은 외부 전문 강사의 일이 줄어든다고 걱정하지만 저의 생각은 반대입니다. 사내 강사가 잘하면 동료들이 사내 강사 강의도 이만큼이니 외부 전문 강사는 얼마나 잘할까라고 생각할 겁니다. 그러면 교육에 대한 관심이 높아져 자연스럽게 저희들이 할 일도 많아질 테니 사내강사는 저희와 동업자 정신으로 잘 해주세요."

하지만 인간인지라 모두가 바쁜데 자신만 한가하다면 이를 아무렇지 않게 여길 수는 없다. 강사들끼리 모이면 자조적으로 우리는 '부정규직 시급 근로자'라고 말한다. 대부분 시간단위로 강의를 요청 받고 비용을 정산하기 때문이다. 강의 요청도 1년 단위로 정해지는 경우는 극히 드물고 필요할 때 연락이 온다. 성장기에는 두세 달 전에도 연락이 오지만 저성장기에는 한 달 이내에 촉박한 일이 많다. 그래서 이번 달이 바쁘더라도 다음 달 달력이 비어 있으면 마음 한구석이 불안하다. 그렇다고 텅 빈 달력만 바라본다고 해결될 일은 아니다. 시장의 변화를 읽기 위해 사람을 만나고 부족하다면 실력을 채우고 쉴 거라면 제대로 쉬어야 한다.

작년에 25년간 사무실을 유지하면서 같은 이름으로 일했던 강사들과 관계를 정리하고 집으로 사업자등록을 냈다. 한동안은 다른 사람의 시선 때문에 사무실을 내려고 했으나 체면치레로 나갈 비용이 만만치 않아 일단 집 주소로 명함을 만들었다.

사람들을 만나서 현 상황을 설명하는 데는 꽤나 용기가 필요했다. 심지어 사무실이 있을 때 집에서 쉬는 것과 나갈 사무실이 없어서 집에서 쉬는 것은 영 딴판이었다. 실직하고도 출근하는 것처럼 옷을 차려 입고 집을 나선다는 이야기가 실감이 났고, 퇴직하고 나면 부부관계가 불편해질 수 있다는 말도 무슨 뜻인지 알 것 같았다.

그렇지만 사무실을 만드는 것은 도피처일 뿐 해결책은 아니다. 봄이면 봄에게 맞게, 겨울이면 겨울에 맞게 사는 것이 순리다. 봄은 가고 또

온다. 오르고 나면 내려오고, 다시 오르막이 나온다. 주연 배우가 조연으로 더욱 빛날 수도 있다. 항상 바쁜 척하며 잘 사는 것처럼 보이려고 애쓰기보다 바빠질 날을 위해 애쓰는 모습이 아름답다.

진정한 강사라면 자신의 강의를 삶으로써 증명해야 한다. 만약 청중이 "강사님은 그렇게 사십니까?"라고 물었을 때 "저도 그렇지 못합니다"라고 했다면 그것은 지혜가 아니라 이상일 뿐이다. 하지만 강사처럼 살려고 노력한 덕분인지 사람들의 편견과 관행을 이겨내는 데 그리 오랜 시간이 걸리진 않았다. 그리고 강사로 살아온 한순간도 소중하지 않았던 적이 없음은 당연하다.

4장

강사도 마케팅에 강해야 한다

억대 강사는 어려워도

오래 벌기는 쉽다

송해 부럽지 않을 만큼 많이 버는 강사도 있지만

힐러리의 강연 수입은 12억 원, 클린턴은 48억 원이다. 중장년 남성의 롤모델로 떠오른 장수 연예인 송해는 90세에도 불구하고 지금도 억대 출연료와 광고료를 받고 있다. 부러워하기에는 너무나 어마어마해서 현실감이 없다.

60대 이후에도 계속해서 돈을 벌 수 있으면 행복할 것 같다는 사람들이 많다. 나 역시 그러하다. 이왕 버는 건데 많이 벌 수 있으면 좋고, 대접받으며 벌 수 있다면 더 좋고, 즐기며 벌 수 있다면 그보다 더 좋을 수 없을 것이다. 그런 의미에서 강사라는 직업은 송해도 부럽지 않은 직업임에 틀림없지만 처음부터 환상을 가지고 덤벼들 일은 아니다.

레몬마켓에서 피치마켓으로

강사의 범위부터 분명히 해야겠다. 일반적으로 강사라고 하면 대학 강사나 학원 강사가 친숙하겠지만 여기서는 기업과 공공기관, 사회단체에서 강의를 하고 시간 단위로 강사료를 지급받는 기업(산업)교육 전문 강사로 한정하겠다. 본업이 있는 의사, 교수, 변호사, 연예인, 스포츠 스타 등도 전문 강사로 활동을 하지만 그것이 주된 수입원이 아니기 때문에 예외로 하겠다.

전체 강사가 몇 명인지 정확히 확인할 길은 없다. 다만 (사)한국강사협회가 강사 모임 중 가장 역사가 오래된 만큼 그 회원 수로 추산해볼 수 있을 것 같다. 현재 가입 회원은 1만 5000명이다. 의무적으로 회원에 가입해야 하는 것은 아니기에 그 숫자가 곧 강사라고 할 수는 없다. 그러나 회원 중에는 기업에 소속된 사내 강사나 본업이 있는 강사가 있는 반면 강사면서 가입하지 않은 경우도 있어서 서로 상계하여 1만 5000명으로 보면 좋을 것 같다.

경쟁이 치열한 편의점이 2016년 기준으로 3만 개다. 치열하다는 표현이 부족한 치킨집은 무려 3만 5000여 개로 전 세계 맥도날드 매장 숫자와 비슷하다. 그에 비해 강사는 아직 포화상태도 아니고 초기 투자비도 거의 없으며 평생학습시대와 맞물려 확장성도 있기 때문에 확실히 도전해볼 만하다.

강사 대부분은 1인 기업의 형태이며 시급 형태로 활동한다. 사실 정확한 수입 규모는 모르지만 최저 시급이나 평균 노동 임금보다 높기 때문에 월급을 받는 근로자보다는 높은 소득을 유지한다. 2015년 고용부 '고용형태별 근로실태조사'에 의하면 연봉 1억 원 이상의 근로자가 전체 2.7퍼센트인 39만 명이라고 하니 억대 강사는 이보다 많은 5~6퍼센트 수준(750~900여 명)은 될 것으로 보인다.

물론 성인을 대상으로 한 교육은 학생들과 달리 시장 상황에 민감하다. 세계금융위기나 업종별 동향에 따른 직접적 요인부터 메르스 사태나 세월호 사고 같은 사회적 요인, 주요 선거나 북한 리스크와 같은 정치적 요인까지 영향을 미치므로 강사의 수입이 안정되기 힘들다. 때문에 한두 번의 억대 수입을 마치 평균인 것처럼 말하는 것은 마케팅 차원일 뿐, 액면 그대로 믿을 것은 아니다. 적어도 5년 이상 그만한 수입이 꾸준히 유지되어야 진짜 억대 강사라고 할 수 있다.

사실 초보 강사라면 전체 소득보다 시급으로 얼마를 받는지가 더 궁금할 것이다. 보통 특강이라 불리는 2시간인 경우와 패키지라고 하는 긴 시간의 프로그램은 시간당 단위 금액이 다르다. 특강의 경우 수도권을 기준으로 기업은 60~100만 원이 일반적이다. 이외 지역은 교통비는 실비 정산하고, 교육비도 20~30퍼센트 더 지급한다. 반대로 공공기관은 기업의 70퍼센트, 사회기관은 30~50퍼센트 수준으로 곤두박질친다. 패키지는 시간이 길다는 이유로 특강의 80퍼센트 수준으로 조정된다. 시간으로 하면 수년째 25만 원 내외에서 결정되고 있다.

이제까지 교육 시장은 레몬마켓Lemon Market의 속성을 가지고 있었다. 레몬은 속어로 '불량품'이라는 의미가 있다. 겉은 상큼하게 보이지만 실제로 신맛 때문에 온전한 과일로 먹기보다 재료로 쓰인다는 의미다. 즉 레몬마켓이란 구입해서 직접 써보기 전까지는 품질을 제대로 알기 어려운 제품이나 서비스가 거래되는 불량한 시장을 의미한다.

강의를 들어보기 전까지 확신이 어려운 만큼 고객은 강사료를 적게 지불하려고 했고 에이전시는 그 비용에 맞춰 강사를 섭외하다 보니 아직 준비가 부족한 강사가 투입되기도 했다. 그러면 강사료 지출에 더욱 인색하게 되고 질 좋은 교육을 위한 투자는 요원해지게 된다. 안타깝게도 한동안 그런 악순환이 계속되었다.

특히 대중에게 잘 알려진 공인들이 강의 시장에 진출하면서 강사료에 거품이 끼기 시작했다. 방송으로 입소문이 나면 시간당 400~500만 원을 받기도 했다. 그러나 유명인을 직접 본다는 의미 외에는 가성비가 형편없어 최근에는 전문 강사 위주의 피치마켓 Peach Market 으로 변화하고 있다.

피치마켓이란 레몬마켓과 반대로 가격 대비 고품질의 재화나 서비스가 거래되는 시장으로 겉과 속이 모두 탐스러운 시장을 뜻한다. 기업들도 그저 듣고 마는 강의가 아니라 자신들의 문제 해결에 실질적인 도움이 되길 원한다. 성과를 향상시켜줄 맞춤형 프로그램을 바란다. 이렇듯 요구 사항이 많아져서 그에 부응할 수 있다고 판단되면 패키지 프로그램이라도 시간당 30~40만 원의 비용을 기꺼이 지불한다. 당연히 강사들의 노력이 필요해지면서 일부 강사들은 컨설팅 영역까지 확대해가는 조짐도 보인다.

돈보다 귀한 것도 있다

강사에게 강사료는 분명 자존심이다. 프로 선수들의 몸값마냥 돈 자체보다 강의 품질을 인정받는 수단이기 때문이다. 그러나 분명 돈 말고도 귀한 것이 많다. 강의를 하다 보면 여러 가지 이유로 꼭 가보고 싶은 회사가 있게 마련이다.

함께 일했던 강사의 고향은 봉평이었고 그녀의 어머니는 근처에 있는 유명 리조트에서 룸 메이드로 청소 일을 하고 계셨다. 그곳에서 고등학

교까지 다녔기 때문에 그곳에 근무하는 동창도 여럿 있었다. 마침 그 회사의 교육을 의뢰받아 그 강사에게 배정을 했는데 강의 후 어머니도 자랑스러워했고 동창들도 인정해줬다며 연신 고맙다는 인사를 했다. 이런 특별한 인연은 돈으로 따질 수 없는 추억이 된다.

한 번은 K방송국에서 공채 탤런트를 뽑아서 연수를 실시할 때 보조강사로 참여한 적이 있었다. 교육 점수가 자신들의 캐스팅에 작용한다고 느꼈는지 교육 태도는 깍듯했고 과제 수행도 열심이었다. 그런데 얼마 뒤 몇몇이 청춘드라마에서 벼락스타가 되었고 그중 한 명은 할리우드를 오가는 대배우가 되었다. 하지만 지금도 그들을 보면 교육장에서 어리숙했던 모습이 떠올라 기분이 묘하다. 함께 찍은 사진도 없고 너무 잠깐 동안의 인연이라 아쉽지만 나에겐 오랫동안 떠올릴 무용담이다.

마찬가지로 어머니가 중환으로 오랫동안 병원 신세를 지고 있을 때 공교롭지도 그 병원에서 강의 요청이 왔다. 강사료를 따질 것도 없이 곧바로 수락했다. 강의 당일 병실에서 보던 보호자가 강사로 올라오자 간호사 일부가 알아보고 참으로 반가워했다. 또, 한번은 강의를 가서 담당자를 만났더니 이집트 여행 때 일행이었던 사람이었다. 여행사에서 단체로 떠나는 패키지여행이라 이야기할 기회가 없었는데 한국에서 만나게 되다니, 새삼 신기했다. 어쨌든 강사료로 까다롭게 굴지 않은 것이 얼마나 다행이던지 안도의 한숨을 내쉬기도 했다.

사실 공공기관이나 사회기관의 강사료는 상처가 되는 경우도 있다. 대학교수는 1급으로 20만 원, 전문 강사는 2급으로 15만 원, 그리고 더 이해할 수 없는 조항은 첫 시간은 그대로 지급하지만 다음 시간은 절반만 지급하는 것이다.

평소 강사협회를 후원해주던 공공기관으로부터 강의 요청을 받은 적이 있다. 의리를 지키려고 강사료도 확인하지 않고 6시간 강의를 했는데 너무 적은 돈이 입금된 것이었다. 25만 몇 천 원 정도였다. 도무지 계산이 안 돼 처음에는 교통비인가 착각을 할 정도였다. 알고 보니 첫 시간 9만 원, 다음 시간은 50퍼센트씩 절감한 강연료로 책정했고 심지어 한 시간이 누락되어 그렇게 적게 입금된 것이다.

강사료 때문에 의욕이 나지 않는다면 거절하는 것이 답이다. 담당자들도 자신들이 다른 곳에 비해 적은 비용을 지급한다는 것을 알기 때문에 무척 난처해하며 부탁을 한다. 그런데 강의를 가서 다른 곳에선 얼마를 받는데 여기는 도와주는 마음으로 왔다든가, 다음엔 이런 비용으로는 곤란하다며 공치사를 늘어놓아봐야 돈을 밝히는 강사로 오해받을 수 있다.

솔직히 적은 비용으로 부탁을 받으면 오기가 나서 '내가 얼마나 잘하는 사람인지 보여주고 다음에 해달라면 그 비용으론 못한다고 튕겨야지' 생각한 적도 있다. 하지만 한 사회기관 담당자의 배려에 마음을 고쳐먹었다. 그분이 말하기를, 지인의 소개로 전화를 드렸는데 저희는 사회기관이다 보니 7만 원밖에는 지급할 수가 없다며 도와달라고 간청하는 것이었다.

마침 내가 살던 동네이기도 하고 '처음 연락 온 곳은 간다' '소개받고 연락 온 곳은 간다'는 내 나름의 원칙이 있기에 큰 인심이나 쓰듯 강의를 하고 왔다. 며칠 뒤 강의가 잘 끝났다며 한 번만 더 부탁한다고 해서 이번이 마지막이라는 심정으로 갔는데 눈물이 날 뻔했다. 원래 2시간 강의지만 3시간으로 결재를 맡았다며 턱없이 부족하지만 감사의 마음이니까 받아달라고 말하는 것이었다. 여기는 쭉 오게 될 것이란 예감이 드는 귀한 경험이었다.

  생업으로 강의를 하기 때문에 돈의 가치를 따지는 것은 당연하다. 하지만 100이라는 수입은 같아도 10씩 10개의 회사에서 얻는 경우와 한 군데서 70, 나머지에서 30을 얻는 것은 질적으로 다르다. 한두 군데에 지나치게 의존하면 자신이 통제할 수 없는 상황에 내몰릴 때가 많다. 마치 중소기업이 대기업에 수직계열화 되어 있는 상황처럼 말이다.

  따라서 강사료 이전에 강의 저변을 넓히는 것이 무엇보다 중요하다. 가끔 젊은 담당자가 내게 "한 달에 몇 시간 강의하세요?"라고 묻는 경우가 있다. 자신들이 지급하는 강사료에 시간을 곱하면 그것이 내 수입이니 질문 의도를 모를 리 없다. 잘못 말하면 담당자는 자괴감을 느끼거나 환상을 가질 수 있어 조심스럽게 말한다. "돈보다 귀한 것이 없으면 강의를 하면 안 된다"고.

강사, 누구나 할 수 있어도 아무나는 안 된다

사람들은 마음만 먹으면 뭐든 할 수 있을 것처럼 이야기하지만 실제로는 쉽지 않다. 강의도 마찬가지다. 강사가 되기 위한 선결 조건이나 특별한 제약이 있는 것은 아니지만 그렇다고 '나는 할 수 있다'와 같은 근거 없는 자신감으로만 해결될 일이 아니다.

스톡데일 패러독스, 소위 '희망의 역설'이다. 스톡데일은 미군 장교로 베트남전쟁에서 8년간이나 포로로 갇혀 있었는데, 수용소에서 끝까지 생존한 사람은 곧 풀려날 것이라고 낙관했던 사람들이 아니었다고 증언했다. 오히려 그들은 상심한 나머지 상황을 극복하지 못하고 죽어버렸다. 쉽게 풀려날 수 없다고 현실을 받아들이면서도 언젠가 풀려날 것이란 믿음을 잃지 않은 사람들이 그 상황을 견뎌냈다는 것이다.

7일이면 충분하다

30년 전이긴 하지만 가판대에서 구입한 문제집을 대충 훑어보고, 운전학원에서 2시간 연습한 뒤 첫 시험에서 곧바로 운전면허증을 땄다. 우리나라의 면허증 취득이 쉬워서 한때 중국에서는 '한국 7일 면허여행'이란 패키지 상품까지 등장했다고 한다. 주행 시험의 경우 50미터를 달리면서 차선을 잘 지키고 돌발 상황 때 급제동만 하면 합격이라고 하니 '운전이 제일 쉬웠어요'라는 말이 나올 법도 하다.

그 결과 우리나라의 교통사고 사망률은 불명예스럽게도 OECD 국가 중 최상위권이다. 2011년 기준으로 한국은 인구 100만 명당 105명으로 폴란드(109명)에 이어 2위로 사망률이 가장 적은 영국(31명)은 물론, OECD 평균(63명)에 비해서도 1.7배나 높은 수치다.

이러한 상황을 취득이 쉬운 면허증 탓만 할 수는 없다. 하지만 면허증 취득이 어려운 독일이나 핀란드가 우리보다 교통사고 사망률이 낮다는 점을 간과할 수는 없다. 독일은 운전면허증을 따려면 20시간씩 14번에 걸쳐 이론 교육을 이수해야 하고 필기시험도 오답이 3개만 나와도 불합격이다. 또한 최소 90분씩 12번의 도로 주행 실습을 해야 하는데, 그 중 4번은 아우토반, 3번은 야간 주행이다. 때문에 면허증 취득을 하려면 적어도 3~6개월은 소요된다고 한다.

핀란드는 눈이 깊이 내리고 산악 지대도 많은 까닭에 운전면허 시험 중에 '드리프트 능력(옆으로 미끄러지듯이 코너를 도는 고난도 기술)'까지 꼼꼼하게 확인한다고 한다. 그리고 시험에 통과를 해도 임시면허증을 발급하고, 이후 2년간 2회 이상 교통법규 위반이 없어야 정식면허증이 발급된다.

편리한 삶을 살려고 면허증을 취득했는데 안전 운전이나 방어 운전, 차량 관리에 대해 소홀하다면 불편함을 넘어 삶의 리스크가 커져간다. 마찬가지로 강의를 하게 되면 마땅히 고민해야 할 문제가 생겨난다. '어떻게 하면 강의를 잘할 수 있을까' 이전에 '왜, 어떤 원칙을 가지고 강의를 해야 하는가' 하는 본질적인 질문에 먼저 답할 수 있어야 한다.

사실 강의를 잘하는 것만으로 좋은 강사가 될 수는 없다. 사람들이 좋은 강사라고 느끼지 않는다면 강의를 잘해도 귀만 만족시켜줄 뿐이다. 패스트푸드가 배고픔을 해결해줄 한 끼 식사는 되겠지만 우리 몸을 건강하게 해주는 영양식이라고 할 수는 없고, 환자에 대한 연민이 없는 의사라면 의료 기술자에 지나지 않는 것과 같다. 강사로서 철학을 고민해보아야 한다.

세계 최고 호텔에 손님이 없다

에베레스트를 배경으로 인증 샷을 찍어서 SNS에 올린다면 많은 사람들에게 주목을 받을 것이다. 아무나 할 수 있는 일이 아니기 때문이다. 하지만 힘들게 산을 오르지 않고도 가능한 장소가 있다. 그곳은 해발 3880미터에 위치한 '에베레스트 뷰 호텔'인데 세계에서 가장 높은 곳에 위치한 호텔로 기네스북에 올라 있고, 에베레스트를 정면으로 볼 수 있어 경치가 무척 아름답다고 한다.

그러나 실상 장사는 잘되지 않는다고 한다. 왜냐하면 카투만두에서 비행기를 타고 쉽고 빠르고 그곳까지 갈 수 있지만 너무 고도가 높은 탓에 비행기에서 내리는 순간 고산병에 걸리기 때문이다. 일본인 주인은 객실에 산소통까지 갖다놓는 등 안간힘을 쓰고 있지만 반응이 신통치 않다고 한다. 이를 통해 알 수 있듯, 마땅히 감내해야 할 과정을 건너뛰면 부작용이 생기게 마련이다.

대학에서 4학년을 대상으로 한 학기 동안 비즈니스 커뮤니케이션을 강의할 때의 일이다. 공교롭게 수업 날이 스승의 날이었는데 '선물을 주면 뭐라고 하며 받지'라며 살짝 고민을 했다. 물론 시원하게 김칫국을 마시고 말았지만 과하고 섭섭하기보다 그들의 시선으로 나를 보니 교수들과 견줄 수 없을 만큼 부족함이 많았던 것이 사실이다. 카네이션을 받고 안 받고의 문제가 아니라 받을 자격이 있는가, 아닌가의 문제로 보니 아무것도 받지 못한 것이 오히려 홀가분하게 느껴졌다.

일을 처음 시작했던 1989년부터 4~5년간은 가장의 역할을 제대로 할 수 없을 정도로 힘들었다. 그런 와중에 국내 굴지의 교육 기관에 면접 볼 기회가 생겼다. 면접관 중 한 명은 아는 분이었고 사전에 그분으로부터 어느 정도 내락을 받은 상태라 꿈에 부풀어 있었다. 안정된 급여와 번듯한 명함, 상상만으로도 행복했다. 이제 친구들을 만나도 당당할 것 같았고 아내에게도 떳떳할 것 같았다.

하지만 불합격이었다. 그때 정말 아쉬웠던 것은 큰 조직에서 일할 수 없던 것이 아니라 머릿속으로 수없이 그려보았던 명함과 급여였다. 돌이켜보면 그때의 불합격이 지금의 나를 있게 했으니 전화위복이라고 할 수 있겠지만 그때는 다시 희망 없는 상황으로 돌아가야 한다고 생각하니 당첨된 복권을 잃어버린 것처럼 한동안 허탈했다.

그러고도 시간이 한참 흐르고서야 나 자신에게 묻게 되었다. '왜 이 일을 하려고 하는가?' '명함과 급여 때문이라면 꼭 이 일이 아니어도 되는 것 아닌가?' 그러면서 일을 하는 이유는 '내가 옳다고 믿는 것에 대해 이야기함으로써 사람들도 그렇게 살도록 하는 것'이기 때문에 다른 일로는 불가능하다는 결론에 도달하였다.

일하는 이유를 분명히 다잡고 나니, 일을 어떻게 할 것인지 판단하는 원칙도 두 가지로 명쾌해졌다. 하나는 '돈보다 인연'이다. 돈은 일의 결과일 뿐 선결 조건은 아니다. 때문에 첫 인연이거나 누군가의 소개로 연락이 오면 강사료를 확인하지도 않고 약속부터 잡는다.

또 하나는 '진심을 다한다'이다. 강의는 공산품이 아닌 만큼 강사료에 따라 강의 품질을 달리할 수 없다. 그리고 강사료는 강의 품질 이외에도 강사의 유명세, 현직 프리미엄, 강의 내용의 희소성과 차별성, 인간관계 등이 영향을 미친다. 따라서 진심을 다한다면 그것을 기억해주는 사람도 반드시 있을 테다.

사실 진심보다 중요한 게 뭐가 있을까! 억대 연봉이 성공의 상징일 수는 있어도 가장 우선해야 할 가치는 아니다. 때문에 돈이 인생에서 제일이라고 말하는 강사는 없다. 돈 때문에 사람을 차별하지 말라고도 한다. 천박한 갑질이 사회적 공분을 일으킬수록 더욱 그렇다.

그런데도 억대 연봉이 자신의 가치인 양 내세운다면 그 사람에게 강의는 그저 돈, 숫자일 뿐이다. 이처럼 돈을 벌기 위해 아무한테, 아무것이나 강의한다면 강사는 결코 명예로운 직업이 되지 못한다. '누구나 해병이 된다면 나는 결코 해병을 선택하지 않겠다'는 구호도 있지만, 강사는 누구나 마음먹으면 시작할 수는 있다. 그러나 아무나 강의하는 것처럼 보여서는 안 된다. 역시 강의를 할 만한 사람이 강의를 한다는 믿음과 확신을 줘야 한다.

강의도 고객 만족이다

비즈니스의 성패는 자신이 가지고 있는 힘에 의해서가 아니라 상대가 나를 얼마나 믿어주는가에 달려 있다. 이제는 물적·인적 자본의 시대를 넘어 사회적 자본의 시대가 도래했다. 사람과 사람 사이의 협력을 더욱 촉진시킬 수 있는 신뢰가 중요해졌다.

세계 굴지의 회사들도 고객을 속이고 부도덕한 일에 연루되는 순간 나락으로 떨어지는 것을 수없이 봐오고 있다. 품질이 문제가 된 경우도 있었지만 최고경영자들의 상식 이하의 언행이 고객을 경악하게 한 일도 적지 않다. 재벌의 기행을 소재로 한 영화가 1000만이 넘는 관객을 모은 것을 보면 더욱 실감이 난다.

강사가 출강하는 회사와 교육생을 돈벌이 수단으로만 보게 된다면 어떠할까. 싸구려 약장수와 다를 바가 없을 것이다. 강의를 잘해도 교육생의 귀만 즐겁게 할 뿐 마음을 움직일 수 없고, 청중이 웃고 있어도 모두 만족한 것은 아닐 수 있다.

영숙이 숙제 했어?

유명 정보통신 신임팀장들을 대상으로 교육할 때였다. 좀 더 친근한 인상을 주고 싶어서 그 회사 이름을 자주 불렀는데 긁어 부스럼이 되었다. 'H정보통신'을 'H정보시스템'이라고 계속해서 호칭한 것이다. 한창 흥이 나서 강의를 하는데 앞자리에 앉은 교육생 한 명이 퉁명스러운 목소리로 "저희는 H정보통신입니다"라고 해서, 순간 얼마나 당황했는지 모른다.

인간관계의 대가 데일 카네기Dale Carnegie는 "사람의 이름은 그 사람에게 있어 세상에서 가장 중요하고 감미로운 여운을 가진 단어"라고 했다. 설사 자기 이름이 마음에 들지 않아도 누가 놀리면 좋아할 사람은 없다. 아내는 '영숙이 숙제 했어?'라는 유행어를 남발한 개그맨을 정말 싫어한다. 아내의 이름이 영숙이기 때문이다. 마찬가지로 자기 회사의 이름을 강사가 잘못 말한다는 것은 성의 없는 일로 느껴질 수 있다.

회사 이름만이 아니다. 경쟁사 광고나 제품 이름을 이 회사의 것인 줄 착각하는 경우도 있고, 현재 회사가 어려운 상황인데도 반대로 알고 치켜세우는 일도 자주 있다. 인터넷을 한 번만 검색했어도 피할 수 있는 사소한 실수지만 교육생들의 감정을 자극해 화를 자초할 수 있다.

새 차를 사고 한창 기분이 들떠 있을 무렵 D자동차회사로부터 강의 요청이 왔다. D사는 오랫동안 강의를 해왔고, 그런 인연으로 얼마 전까지 D사 자동차를 탔지만 최근에는 강의가 뜸했다. 그런데 새로 구입한 차가 다른 브랜드였기 때문에 아내에게 인계한 D사 차를 타고 가야 할지 그냥 새 차를 타고 갈지 고민이 되었다. D사 입장에서는 다른 브랜드 차가 공장 내에 서 있는 것이 눈에 거슬릴 수 있기 때문이었다.

결국 고민 끝에 집에서 공장까지 거리가 멀다는 핑계를 들어 새 차를 타고 갔다. 그런데 D사에 도착하니 신경이 엄청 쓰여 가능하면 교육생들의 눈에 띄지 않는 곳에 주차를 했다. 하지만 교육생 중 누군가가 내가 차에서 내리는 것을 보았는지 쉬는 시간에 자기들끼리 강사가 다른 회사 차를 타고 왔다고 수군거리는 모습을 보게 되었다.

자동차가 한두 푼 하는 물건도 아니고 여러 대 사서 회사에 맞춰 타고 올 수 있는 것도 아니라는 생각에 강의 중 볼멘소리를 했다. "D사 차로 바꾸고 싶어서 한동안 기다렸는데요. 신형 모델이 안 나와 어쩔 수 없었습니다. 기분이 언짢더라도 양해해주세요"라고 말이다. 솔직히 이전 차를 판 것도 아니고 마음만 먹었다면 얼마든지 D사 차를 타고 올 수 있었지만 새 차를 자랑하고 싶은 욕심이 앞섰던 것이다. 그런데 수년째 어려운 회사 사정으로 힘들었던 교육생들에게 당신들이 일을 제대로 하지 않은 탓이라고 면박을 준 꼴이니 지금 생각해도 얼굴을 들 수 없다.

밥 한번 먹자

교육생 기분을 나쁘지 않게 하려고 애쓰기보다 강사에게 호감을 가질 수 있도록 감성적 투자를 하는 것이 더 효과적이다. 인간적 소통을 위해 교육생에 대한 배려, 기분 알아주기, 상대 입장에서 생각하고 말하기 등과 같은 적극적 노력을 의미한다. 펜실베이니아대학 와튼스쿨의 스튜어트 다이아몬드 Stuart Diamond 교수가 말한 '인간적 소통을 위한 감정적 지불'과 같은 개념이라고 할 수 있다.

오랜만에 만난 사람에게 '밥 한번 먹자'고 하지만 그간의 소홀함을 면피하려는 겉치레 인사인 경우가 대부분이다. 진심이 느껴지지 않기 때문에 그 사람과의 관계는 딱 거기까지다. 말로만 밥을 먹는데 배가 부를 리 없다. 따라서 회사나 교육생 정보를 충분히 파악하지 않고 강의를 한다면 말의 성찬만 있을 뿐 정작 교육생의 공감을 불러일으키기는 힘들다.

2015년 6월 초, 장기 침체기에 빠져 있던 위스키 업계에 놀랄 만한 일이 일어났다. '골든블루 다이아몬드'가 17년 이상 최고급 위스키 시장에서 시장 점유율 13.5퍼센트를 차지하며 3위에 오른 것이다. 고급 위스키는 쉽게 브랜드를 바꾸지 않는 기호품이고, 2013년 대비 전체 위스키 시장이 12.8퍼센트나 줄었는데도 유독 중소 업체인 골든블루만 가파른 성장세를 보였다.

성공의 비결은 블루칩 프로모션이었다. 골든블루의 병에는 작은 칩이 들어 있고 거기에 적힌 일련번호를 컴퓨터나 스마트폰 앱에 입력하면 골든블루 주식을 1주, 5주 가질 수 있는 이벤트였다. 우량주를 뜻하는 블루칩을 브랜드로 활용하면서 같은 맥락의 이벤트를 기획해 고객과 함께 성장한다는 개념으로 사은품 대신 주식을 나눠주었다.

그렇게 시작된 이 프로모션은 고객들에게 위스키를 즐기고 신생 위스키 회사의 진짜 주주가 되는 경험을 만들어냈다. 당장 큰돈이 되는 것은 아니지만 '내가 주주'라는 생각이 들면 더 애정을 가질 것이란 생각이 적중했다. 이는 골든블루의 존재감을 확실하게 각인시킨 계기가 되었다.

입으로만 고객이 아니라 경험하기 힘든 주주로서의 느낌을 통해 같은 편이라는 동질감을 극대화할 수 있다. 이를 활용하여 강사도 교육생들에게 해당 회사의 열렬한 고객이자 팬임을 보여줄 필요가 있다. 예전에 정유 회사에 교육을 갈 때도 사소하지만 각별히 신경 쓰는 것 중 하나가 자동차 안에 있던 휴지다. 주유소에서 사은품으로 얻은 휴지에는 정유사 마크가 선명했는데, 이왕이면 교육 가는 회사의 휴지가 차 속에 있어야 예의라고 생각했다.

그렇게 따져보면 당장에 눈에 띄는 노트북, 레이저 포인터와 같은 강의 도구에서부터 옷, 구두, 가방과 같은 소품까지 모든 것을 교육생 관점에서 배려한다면 그 노력의 대가를 반드시 얻을 수 있다. 혹시 금전적 이유로 회사와 '깔 맞춤' 하기가 어렵다면 최대한 드러나지 않도록 해야 하고 음료나 다과라면 자신의 기호보다 내가 강의 가는 회사가 어디인가를 먼저 생각하는 것이 현명하다.

물론 눈에 보이는 것이 다는 아니다. 담당자가 사전 미팅을 원하거나 교육 관련 자료를 제공하면 강의 준비 차원에서 기꺼이 대응할 필요가 있다. 자료를 제공하지 않더라도 홈페이지나 인터넷을 검색해 그 회사와 관련한 정보를 최대한 교육 내용에 반영하는 것이 중요하다. 사례를 들더라도 해당 회사의 사정에 맞는 사례를 들어야 한다. 은행이면 돈 이야기를 해야 하고, 유통이면 그들에게 익숙한 용어를 선택해야 한다.

징크스를 만들지 않는다

우리는 지금 데이터가 넘쳐나는 시대에 살고 있다. 숫자에 약간의 관심만 가져도 자신의 경험과 직관의 한계를 뛰어넘을 수 있다. 그렇지만 실생활에서는 오히려 숫자의 함정에 빠지는 경우가 많다. 주사위를 다섯 번 던졌는데 계속해서 2가 나올 경우 여섯 번째 2가 나올 확률은 6분의 1 이하라고 생각하는가?

소설가 에드거 앨런 포Edgar Allan Poe는 이에 대해 '그렇다'라고 끝까지 주장했다는데, 조금만 생각해보면 일확천금을 꿈꾸는 도박사의 오류에 불과하다. 수천 번 던진다면 모를까 그저 몇 번의 시도로 2가 나올 확률을 낮게 보는 것은 마치 3할 대 타자가 두 번 아웃 되었으니 세 번째는 안타를 칠 것이라는 논리와 비슷하다. 한 경기만 놓고 보면 아무리 3할 대 타자라고 해도 연속해서 안타를 치기도 하고 반대로 아웃될 수도 있다.

흰 머리카락을 뽑는다

강의를 매번 잘하고 싶겠지만 기대대로 끝나지 않을 수도 있다. 같은 회사에서 같은 내용으로 여러 차례 진행하면 더욱 그렇다. 이상하게도 두 번째 강의는 만족스럽지 않은 경우가 많다. 나만 그럴 수도 있겠지만 나름 이유를 생각해보면 첫 번째 과정이 잘 끝나면 두 번째는 긴장감이 풀어지기 때문이 아닐까 짐작해본다.

스포츠에서도 '2년차 징크스'라는 말이 있는데 생각해보면 평계에 불과하다. 왜냐하면 운으로 데뷔 첫해를 잘했다면 다음 해에 또 운이 작용할 리 없으니 징크스라고 할 것도 없고, 실력이 좋다고 해도 첫해 기록을 뛰어넘지 못하면 사람들은 징크스에 빠졌다고 할 것이기 때문이다.

징크스Jinx는 고대 그리스에서 마술에 사용하던 새 이름에서 유래한다. 불길한 징후로 느껴지는 사물이나 현상으로 인간의 힘으로 어찌할 수 없는 것을 의미한다. 하지만 어떤 분야에서나 실수나 실패는 필연적이다. 그런데 그 원인을 자기에게서 찾고 싶어하지 않다 보니 2년차 징크스처럼 여러 가지 구실을 만드는 게 아닐까.

미국 남자육상의 400미터 계주 팀의 징크스는 세계적으로 유명하다. 계주 팀은 1960년 로마올림픽 400미터 계주 결승에서 예상대로 우승을 했다. 하지만 심판들은 첫 번째 주자가 두 번째 주자에게 바통을 넘길 때 바통 인계 구역을 넘었다고 판단하여 실격 처리했고, 미국 팀의 9회 연속 우승은 물거품이 되고 말았다.

1988년 서울올림픽에서도 미국 계주 팀은 최강이었고, 예선에서 38초 98로 1위를 차지했지만 이때도 세 번째 주자가 바통 인계 구역을 넘어서는 바람에 결승 진출이 무산되었다. 이후로도 미국 팀의 흑역사는 계속되었다. 2004년 아테네 올림픽에서는 역대 최강이었음에도 바통 터치가 매끄럽지 못해 100분의 1초 차이로 은메달에 머물렀고, 2008년 베이징올림픽에서는 아예 바통을 떨어뜨려 예선에서 탈락하고 말았다.

올림픽에서 연거푸 쓴잔을 마신 미국 계주 팀은 2009년 베를린 세계육상선수권과 2년 후 열린 대구 세계육상선수권에서도 귀신에 홀린 듯 바통을 제대로 연결하지 못해 실격했다. 이쯤 되면 불운도 이런 불운이 없다고 생각하겠지만 미국 팀의 진짜 문제는 연습 부족이라는 게 세계 육상계의 정설이다. 미국은 정상급 팀 중에서 계주 연습을 가장 적게 하는 팀으로 알려져 있기 때문이다.

사실 나에게도 징크스가 있었다. 처음 가는 곳이면 꼭 흰 머리카락을 뽑아서 던져두었는데, 그렇게 하면 다시 그곳에 온다는 뜬금없는 믿음 때문이다. 처음에는 새치를 뽑으려는 의도였지만 그런 믿음이 점차 굳어지면서 한 번 강의를 갔던 회사에서 연락이 없으면 '흰 머리카락을 뽑지 않아 그런가' 하고 엉뚱한 생각을 하기도 했다.

'일만 잘된다면 그까짓 머리카락이야 뭐가 대수겠는가'라는 심정으로 흰 머리카락을 뽑아대다 보니 지금은 속머리가 훤히 보일 정도가 되었다. 일이 잘되길 바라는 마음으로 시작된 일이지만 가당치 않은 징크스는 문제의 원인을 흐리게 할 뿐만 아니라 불안을 부추긴다. 그래서 지금도 연속되는 교육 중 두 번째가 되면 '오늘은 힘들겠네'라는 걱정을 하게 된다.

개 꼬리에 흔들리지 마라

세계적인 축구 선수가 월드컵 승부차기에서 실축하여 실망감을 줄 때가 있다. 실력이 뛰어남에도 승리에 대한 압박감이 과도하거나 스스로 승리에 대해 지나치게 열망하면 수행 능력이 평소 이하로 급격히 떨어질 수도 있다. 이것을 '초크choke 현상'이라고 하는데, choke는 숨 막힘, 질식, 목 졸림이라는 뜻을 갖고 있다.

 그 축구 선수는 그 경기, 그 순간을 제외하면 지금까지 잘해왔던 적이 훨씬 많았지만 그날의 장면이 너무나 강렬하게 기억된다. 이를테면 자살하는 사람이 누군가에게 죽임을 당하는 사람보다 훨씬 많은 현실이지만 뉴스에는 주로 극악한 살인 사건이 크게 보도되니, 사람들이 받아들이기로는 자살보다 타살이 더 많은 것처럼 느껴진다. 단순히 통계 수치와는 다른 것이다.

 내 아내는 비행기 타는 것을 너무나 불안해한다. 그러면서도 운전은 태연하게 한다. 자동차로 죽을 확률이 훨씬 높은데도 말이다. 이처럼 사람들은 정보가 부족하거나 잘못되었는데도 성급하게 믿어버린다. 또한 자신의 경험에 더 큰 의미를 부여함으로써 실제와 다른 판단을 내리기도 한다. 일반화의 오류이자 유용성의 오류availability bias라고 할 수 있다.

 과천에 있는 국가공무원 인재개발원에 갔을 때 일이다. 그날은 1시부터 강의라 30분 전에 여유 있게 도착했다. 마침 오전 강의를 끝낸 강사를 배웅하느라 담당자가 주차장에 나와 있었다. 반년 만이라 반가운 마음에 서둘러 차에서 내렸는데 일이 생기고 말았다.

 가방과 겉옷을 차 안에 둔 채로 문이 잠겨버린 것이다. 스마트키라서 차 안에 키가 있으면 문이 잠길 수가 없는데 무엇 때문인지 철컥 잠겼다. 강의 시작까지는 25분 정도 여유가 있긴 했지만 문을 열 방법은 없었다. 스마트폰까지 차 안에 두고 내려 담당자 전화를 빌려 자동차 보험회사에 전화를 걸었다. 하지만 강의 시작 전까지 서비스 담당자가 도착하지 못해 셔츠 바람으로 강연장에 들어갔고, 20분쯤 지났을 때 담당자가 가방을 가져다주어서 나머지를 진행할 수 있었다. 단순한 해프닝이었지만 그 후 순간순간 놀라게 된다. 남자들이 제대를 하고서 한동안 다시 군대에 끌려가는 꿈에 시달리듯 연수원에 도착하면 몇 번씩 자동차 문과 차키를 확인하는 버릇이 생겼다.

그뿐 아니라 노트북도 불안의 진원지가 되고 있다. 대중교통을 이용할 때는 가방 무게를 조금이라도 줄이고 싶어진다. 지금은 노트북 배터리가 많이 개선되어 한 번 충전으로 12시간도 사용하지만 수년 전에는 3~4시간도 아슬아슬했다. 그런데 강연 장소가 제주도였고 2시간 강의라서 전원 장치는 빼놓고 노트북 본체만 가지고 교육장으로 향했다.

제주도 유치원교사협의회가 주관한 행사라서 도지사까지 참석한 큰 규모의 행사였다. 도지사 축사가 끝나면 바로 이어 강의하기로 했기 때문에 노트북을 미리 설치해놓았다. 그런데 도지사 인사말도 길어진 데다 교사들의 이해관계가 얽힌 문제라 여러 가지 질문이 이어지면서 예정 시간을 30분이나 지나 강의를 시작하게 되었다. 문제는 도지사가 말하기 전부터 노트북을 준비해놓았더니 배터리 잔량이 강의 시간에 부족했던 것이다. 결국 강의 중에 전원이 부족해 노트북이 꺼졌고 그 상태로 강의할 수밖에 없었다. 조금의 수고를 아끼려다 큰 낭패를 볼 뻔했다.

하지만 자동차 문이 잠기는 것은 교통사고에 비하면 아무 일도 아니다. 노트북 전원 부족도 비행기를 놓쳐 강의 시간에 도착하지 못한 것에 비하면 애교로 치부할 일이다. 이처럼 강의를 하다 보면 작은 실수들이 있게 마련인데 '또 그러면 어떻게 하지'라는 쓸데없는 불안으로 자신을 힘들게 할 필요가 없다.

조금 수고스럽다고 해도 노트북 전원을 가지고 가면 되고, 차에서 내릴 때 자동차 문을 연 채 옷과 가방을 꺼내는 습관을 들이면 된다. 그래도 실수를 하게 되면? 그때는 이렇게 스스로를 위로한다. 일하다 보면 얼마든 생길 수 있는 일이라고. 작은 실수에 연연하지 말자고. 작은 실수에 마음을 써서 강의가 불안해지면 웩더독 Wag the Dog, 개 꼬리가 개를 흔드는 일이 되고 마니까.

느낌 좋은 사람이 된다

미디어 시대인 만큼 자신 이미지를 제공할 일이 많아졌다. 스스로가 좋아서 그러는 경우도 있지만 원치 않는다고 해도 주변 사람이 사진 찍기를 좋아하면 어쩔 수 없이 노출될 수밖에 없다. 더구나 강사는 교육생들이 찍어대는 스마트폰을 외면할 수만은 없다.

그러다 보니 외모 지상주의lookism라고 할 만큼 보이는 것에 신경을 쓰게 된다. 요즘은 초등학생들도 화장을 하고, 임원 승진을 위해 남성들이 피부과나 성형외과를 찾는 일이 흔해졌다고 한다. 강사라면 노숙해 보일 필요가 있어 일부러 나이 들어 보이게 꾸몄던 것이 얼마 전인데 말이다.

그렇다고 과도하게 '동안' 외모에 몰두하거나 개성이라고 우기는 것은 불편하다. 중요한 모임일수록 여러 옷을 놓고 고민하는 것처럼 지나치게 편한 옷차림은 상대를 대수롭지 않게 생각했다는 반증일 수가 있다.

아무도 기억하지 못한다

심리학자 티모시 로손Timothy Lawsor은 지난 2010년에 재미난 실험을 했다. 대학생들에게 실험이 아니라면 입기 민망하고 우스꽝스러운 셔츠(미국독수리라고 새겨진 셔츠)를 입힌 후 교내를 돌아다니게 했다. 실험의 요지는 그 학생들을 만났던 사람들 중 몇 명이나 그 셔츠를 기억할 것인가였다. 실험에 참여한 학생들은 40퍼센트 이상은 될 것이라고 예측했지만 실제로는 10퍼센트 정도만 기억했다.

이처럼 다른 사람들은 별로 관심이 없음에도 정작 본인만 자신의 외모와 행동에 주의를 기울이게 되는데, 이것을 '스포트라이트 효과spotlights effect'라고 한다. 즉, 외모에 신경 쓰는 것은 좋지만 주객이 전도될 정도는 곤란하다.

한번은 너무 급해서 양복 상의와 하의가 다른 것을 모르고 집을 나섰다. 고속도로 휴게소에서 화장실을 갔는데 거울에 비친 내 모습이 영 이상했다. 자세히 보니 상의와 하의 색깔이 맞지 않았다. 너무나 당황스러웠지만 갑자기 양복을 살 수도 없는 일이고 달리 방법이 없었다.

교육장까지 이동하는 내내 고심한 끝에 강의를 시작하자마자 빨리 겉옷을 벗어서 교육생들이 모르게 해야겠다고 생각했다. 신경이 온통 옷차림에 가 있었기 때문에 어떻게 강의를 시작했는지 모를 정도로 말이 꼬였다.

그런데 황당했던 것은 강의가 끝나고 담당자에게 자초지종을 이야기하면서, 옷 때문에 처음에 당황했다고 말했더니 자기는 전혀 몰랐다는 것이다. 이제 와서 생각해보면 '오늘 강의만 생각하다가 옷을 엉뚱하게 입고 나왔다'거나 '너무 잘하려다 보면 오히려 예상하지 못한 실수를 하기도 한다'며 여유 있게 양해를 구할 수도 있었을 텐데 말이다.

그리 오래전 일이 아니다. 어느새 흰머리가 많아져 집에서 자연 염색을 했는데 그게 문제였다. 다음 날 강연 장소가 대구였고 그날따라 무척 더웠다. 하지만 일부 교육생들이 천장에서 내려오는 에어컨 바람이 싫다며 쉬는 시간에 에어컨을 꺼버렸다. 그것도 모르고 강의를 다시 시작했는데 점점 더워지더니 땀이 볼로 흘러내리기 시작했다.

에어컨을 작동시킬까 했지만 교육생들이 불편해 보이지 않아 조금 참아보기로 했다. 땀은 점점 많아져 셔츠 깃이 축축해졌고 휴지로는 연신 얼굴을 닦아냈다. 헉! 휴지에 검은색이 묻어 나오는 게 아닌가. 염색이 완전하게 스며들지 않아 땀과 같이 배어나왔다. 마스카라의 검정 눈물은 보았지만 머리에서 흐르는 검정 땀은 처음이었다.

거울을 보니 셔츠 깃은 검은 얼룩으로 지저분해졌고 볼 군데군데까지 검은 땀자국이 남아 있어 마치 예능 프로그램에서 먹물 벌칙을 받은 모습이었다. 교육생들과 함께 무사히 웃어넘겼지만 지금 생각해도 아찔한 추억이다. 스마트하게 보이려던 욕심이 오히려 교육 분위기를 어수선하게 만든 꼴이 되어버렸으니 말이다.

겉옷 좀 벗겠습니다

외모도 경쟁력이라는 사회 분위기 때문인지 외모에 따라 차별 대우 받는다고 생각하는 사람이 많다. 실제로 예쁘고 잘생긴 남녀가 성공 확률이 크다는 연구 결과도 있다. 그러니 조금이라도 멋져 보이고 싶은 욕심은 어쩔 수 없을 테고, 막대한 투자를 하고 있는 것도 납득이 간다.

남자가 15세부터 하루 5분씩 60세까지 면도한다면 평생 60일을 소비하게 되고, 하루 55분 거울 앞에서 보내는 여자라면 매년 2주에 해당하는 시간이다. 2003년 2월 영국 경제지 『이코노미스트Economist』 추산으로 피부나 머리카락 손질, 성형수술, 화장품과 향수 등에 투자되는 비용만 전 세계적으로 1년에 180조 원 정도라니 10년이 더 지난 지금은 천문학적 비용에 틀림없다.

물론 보기 좋은 것을 싫어할 이유는 없다. 다만 그것이 본질은 아니라는 것이다. 박인비 선수의 스윙 폼은 교과서의 정통 폼과는 많이 다르다. 스윙을 시작할 때 아이언을 수직으로 들었다가 몸과 함께 휘두른다. 스윙은 크지 않지만 일관성 있는 부드러움으로 정확성을, 임팩트 때 강력한 어깨 힘으로 충분한 거리를 내고 있다.

만약 그녀의 어색한 폼을 문제 삼는다면 그것 역시 난센스다. 꿩 잡는 게 매라고 좋은 성적을 거뒀기 때문은 아니다. 실력의 결과가 성적인 만큼 그 실력을 쌓기 위해 부단히 노력했을 시간에 먼저 주목하자는 이야기다. 당신이 골퍼라면 폼만 좋고 성적 나쁜 골퍼보다 박인비 같은 선수가 되고 싶을 것이다.

마찬가지로 강사도 외모나 퍼포먼스에 골몰하기 전에 강의를 잘하기 위한 최적화된 환경을 만드는 것이 중요하다. 누가 인기 있다고 해서 그 사람을 복제하여 강의하는 것은 있을 수 없다. 내용은 당연하고 스타일도 그렇다. 유명인 짝퉁으로 살아가고 싶은 게 아니라면 도올 김용옥 교수의 모습은 개그 프로그램에서나 흉내 낼 일이다.

더위를 많이 타는 나로서는 양복을 입은 채 강의하기가 힘들어 오래 전부터 상의를 벗고 셔츠의 양 소매를 걷은 채 강의를 했다. 지금은 인연이 오래된 회사에 가면 '겉옷 좀 벗고 하겠다는 사람'으로 통할 정도로

트레이드마크가 되었지만 처음부터 그랬던 것은 아니다. 자칫 무례하게 보일 수 있어 단정한 차림으로 강의를 했는데 영 불편해서 강의가 뜻대로 안 풀렸다.

그래서 용기를 내어 겉옷을 벗고 강의를 했더니 나중엔 열정적인 모습이 좋았다는 반응도 있어서 나름대로 성공적 결단이었다. 하지만 흔히 개 줄로 표현되는 넥타이를 푸는 데는 21년이 걸렸다. 관습적으로 모두가 착용하다보니 엄두가 나지 않았다. 좋게 생각하면 남성의 패션 감각과 센스를 뽐낼 수 있는 수단이지만 색깔을 맞추기가 쉽지 않고 매듭 부위를 자주 만지다보면 그곳만 더러워져 오래 사용할 수도 없다. 유명 제품은 가격이 만만치가 않아 금전적 부담도 된다.

그런데 우연하게도 2011년 여름 전력 사정으로 대정전 사태가 발생하면서 회사마다 노타이 근무를 권장했던 적이 있다. 그 핑계로 넥타이를 매지 않고 강의를 했더니 그렇게 편할 수가 없었다. 그 후 꼭 격식을 갖춰야 하는 자리가 아니면 넥타이를 매지 않고 강의를 한다. 내가 편해야 강의를 잘할 수 있다는 나름 자신감의 표현이다.

패션의 완성은 얼굴이라지만 원판을 바꿀 수 없다면 자신 있는 태도로 대신할 수밖에 없다. 그리고 자신감은 실력에서 나오기 때문에 외화내빈外華來賓보다 탄탄한 내실을 기하는 것이 먼저다. 그럼에도 이왕이면 다홍치마라고 보기에 좋은 인상을 주려면 웃는 것이 최고다.

긴 시간 강의를 하다 보면 교육생들과 사적인 대화를 할 수 있는 여유가 생긴다. 그때 자주 들었던 말이 '처음 봤을 때 엄청 깐깐할 줄 알았다'는 반응이다. 이유를 묻자 입을 꽉 다물고 무표정한 모습으로 강의 준비를 하는 모습이 그렇게 보였다고 한다.

낯가림이 있고 수줍기도 해서 교육생들에게 말을 걸지 못했는데 그 모습이 딱딱하게 보였던 것 같다. 그 후로는 교육생들에게 먼저 인사말을 건네고 눈이 마주치면 환하게 웃으려 애쓴다. 자연스럽게 교육생들도 같은 모습으로 인사를 받아줘 좀 더 편안하게 강의를 시작할 수 있게 되었다. 웃는 얼굴은 사람을 모으는 강력한 매력이 있다.

강사의 첫걸음은 이렇게 떼라

아라비아는 씨 뿌리고 땅을 경작해서 비축하기를 반복하는 농경 사회와 달리, 전쟁과 교역이 삶의 주된 방편인 유목 사회다. 예측할 수 없는 환경과 척박하고 제한된 생태계에서 살아남기 위한 나름대로의 지혜이자 삶의 철학이 필요했을 것이다.

그것이 바로 인샬라Inshaallah다. '알라의 뜻대로 하옵소서'라는 아랍어로 변덕스러운 아랍인들의 기질을 대변한다. 하지만 신의 뜻이니 일이 잘못되어도 실망하지 말라는 메시지이자 불가능해 보여도 노력만 하면 반드시 성사될 수 있다는 강한 긍정의 메시지기도 하다.

동네 축구는 공만 쫓아다닌다

자고 일어났더니 스타가 되었다는 사람이 있다. 일명 '벼락 스타'다. 그렇지만 벼락이 치려면 수많은 조건이 형성되어야 하듯 운으로 스타가 되는 경우는 없다. 심지어 재능과 상관없이 연예기획사의 마케팅 산물로 여겨지던 아이돌도 누군가의 백댄서나 코러스로, 그리고 연습생 신분으로 수년간 연습하며 지내는 게 기본이다.

초보 강사들은 잘할 수 있는데 영 기회가 없다고 푸념을 늘어놓는다. 자기보다 못하는 강사인데도 바쁘다고 누군가를 시샘한다. 고객이 선택하는 것이니 어쩔 수 없다고 하면 감나무 밑에서 입만 벌리고 있는 것과 똑같다. 결국 나무에 매달린 감을 먹는 사람은 무작정 오랫동안 입 벌리고 있던 사람도, 키가 큰 사람도 아니다. 혼자서 따 먹을 수 없는 아이라도 할아버지에게 부탁하면 감을 먹을 수 있다. 즉, 고객이 어떻게 강사를 선택하는지 알고리즘을 이해해야 한다.

울산은 전국 최고의 경제력을 자랑한다. 하지만 경제라는 것이 늘 좋을 수간은 없고 특히 주기적으로 부침을 겪기도 하는데 조선업이 그중 하나다. 불황이 심했던 어느 해 울산에 강의를 갔다가 짬이 나서 방어진에 있는 H조선을 방문한 적이 있었다. 엄청난 시설의 공장 전경과 대비되어 한적함이 더욱 썰렁하게 느껴졌는데 그때 만난 담당자의 한마디는 사람들을 만나는 중요한 원칙이 되었다.

"회사가 교육을 많이 할 때는 서울에서 비행기를 타고 오는 경우도 많았습니다. 그런데 지금은 개점휴업 상태다 보니 사람 구경하기가 힘듭니다. 한가할 때 찾아와서 말벗을 해주면 고마워서라도 일이 있을 때 도움을 청할 텐데 그걸 몰라요. 일이 있을 때만 파리 꼬이듯 득실거리기 마련입니다."

동네 축구는 공만 쫓아다닌다. 우르르 몰려다니지만 사람을 놓쳐 쉽게 골을 먹게 된다. 일도 그렇다. 회사의 제안의뢰서만 보고 달려들면 들

4장 강사도 마케팅에 강해야 한다

러리 서기 십상이다. 담당자에게 추가로 정보를 얻어야 하는데 그 경우 담당자의 머리나 가슴에 자신의 이름이 있어야 한다. 머리라면 해당분야의 전문가로 명성이 있어야 할 것이고 가슴이라면 평소에도 자연스러운 접촉이 있어야 할 것이다.

사람들은 헤어질 때 자주 연락을 드리겠다고 습관적으로 말하지만 진짜로 연락하는 경우는 드물다. 그러다 아쉬운 일이 생기면 전화해서 '연락을 드리려고 했는데 경황이 없었다'며 구차한 사연을 늘어놓지만 속이 보인다. 그래서 나는 고객 사무실 근처를 지날 일이 있으면 일부러 연락해서 얼굴을 보려고 한다. 설사 만날 수 어렵더라도 그 핑계로 전화하기 때문에 연락의 끈을 유지할 수 있게 된다.

물론 얼굴을 봐도 마땅히 용건이 없다면 당황스럽다. 그래서 고객의 정보를 관리해야 한다. 스마트폰에게 너무 고맙다. 이름 외에도 저장 공간이 꽤 있기 때문에 상대의 정보를 메모했다가 이름을 검색하면 자연스럽게 그 정보를 활용할 수 있다. 사는 곳, 결혼 유무, 아이 이름, 취미, 비전과 같은 기본 정보부터 출장, 휴가, 승진, 이사 계획까지 대화의 실마리를 풀 만한 정보가 너무나 많다. 어떻게 그런 사소한 것까지 기억하느냐며 처세술이라고 폄하할 수도 있겠지만 난 함께 일하는 사람에 대한 관심이라고 말하고 싶다.

평판을 관리하자

사실 자기 자신을 유명하게 알릴 생각이려면 미디어만큼 빠른 방법이 없을 테다. 그러나 공중파는 강의 품질이 완벽하기 전까지는 얻는 것보다 잃는 게 많다. 설사 강의를 잘한다고 해도 반짝 관심으로 끝나는 경우가 많고 자칫 실수라도 하면 구설수에 오르기 딱 좋은 만큼 신중히 결정해야 한다.

차라리 강의 품질이 좋다면 유튜브에 직접 게재를 하거나 다중채널 네트워크Multi Channel Network와 같이 콘텐츠 창작자와 소비자를 직접 연결시켜주는 미디어사업을 이용해 보는 것도 좋다. MCN은 강사에게는 수수료를 받지 않아 유리한 반면 아직은 사업 초기라 고객층이 두텁지 않은 약점이 있다.

아니면 강사 플랫폼 업체를 이용하는 방법도 있다. 보통 3개월에 40만 원 정도의 가입비를 받고 기업의 강의 요청 정보를 강사에게 제공한다. 여러 강사가 직접 기업에 제안서를 제출하기 때문에 선택은 전적으로 강사의 경쟁력에 달려 있다. 그러나 그곳을 이용하는 기업 규모가 그리 크지 않고 단발성 요구에 그치는 경우가 많다는 단점이 있다. 또한 강사료가 많지 않은 데다 일부를 수수료 차원에서 플랫폼과 나눠야 하기에 큰 수익을 기대하기는 어렵다. 그래도 시장의 흐름을 익히고 고객과 소통할 수 있는 최소한의 창구를 확보하는 차원에서 경험해볼 만하다.

1인 방송이나 케이블 방송 등도 많으나 상업성이 너무 짙어서 신뢰를 주기에는 힘들다. 돈 주고 신문이나 잡지 지면을 사는 것도 그렇고 SNS 활용도 마찬가지다. 특히 SNS를 활용한 마케팅 방법을 강의하기도 하지만 그것으로 수익을 올리는 사람은 그것을 강의하는 사람뿐일 정도로 드물다.

왜냐하면 사람들이 SNS에 접속하는 것은 광고를 보기 위해서가 아니라 사람들과 연결되거나 새로운 정보를 얻기 위해서다. 우리가 지하철 상인 물건 대다수에 무관심한 것은 그들의 영업 대상이 되기보다 옆에 있는 사람과의 대화가 더 중요하기 때문이다. 따라서 홍보보다 기존 관계를 강화하고 새로운 관계를 개척하는 데 힘을 쏟아야 하지만 꾸준히 업데이트하는 것이 쉽지 않다. 아직 주변에서 SNS로 홍보에 성공했다는 강사는 본 적이 없다.

그다음으로는 책이라는 매체다. 그러나 책의 가치도 예전 같지 않아 내용이 독창적이지 않다면 독자들의 관심을 끌 수 없다. 더구나 비슷한 내용을 반복하는 경우에는 강사 이미지에 마이너스로 작용할 수 있다. 그리고 책 내용 때문에 자신의 강의 분야가 한정되어 운신의 폭이 좁아질 수도 있다.

대중적으로 유명해질 기회가 없다면 누군가에게 도움받는 것이 필요하다. 하지만 도움을 받으려면 먼저 도움을 줘야 하는 것이 인지상정이다. 내가 (사)한국강사협회에서 일하게 된 것은 무심코 내뱉은 한마디 말 때문이었다. 지인께서 '협회 일 좀 도와달라'고 하셨지만 그분이 회장을 하실 것 같지 않아서 '회장 되시면 도와드리겠다'며 피했는데 그 후 회장이 되신 거다.

올해로 8년째지만 봉사하는 이상으로 도움을 받고 있다. 임원끼리 시간과 돈을 써가며 때로는 자기 일에 지장을 받기도 하지만 동업자로서의 희로애락과 정보를 나눌 수 있어서 행복하다. 조직에서 밀려날 때 사람에게 상처를 받은 경우도 있고 사람이 싫어 스스로 조직을 떠나기도 했겠지만 강사는 사람과의 관계가 제일 중요한 밑천이다. 지독한 외로움이 아니더라도 강의는 사람과 접촉으로 이뤄지는 일이기 때문에 사람이 답이며, 좀 더 정확히는 사람들의 평판이 자산이다.

담당자끼리는 물론이고 강사끼리도 서로를 추천할 일이 많다. 에이전시들은 그것이 주요 비즈니스다. 중매를 잘못 서면 뺨이 석 대 기듯이 추천을 잘못하면 자신의 신뢰도 잃고 만다. 그래서 프로필만 주변에 알려봤자 자신을 적극적으로 추천할 리 만무하다. 따라서 어떤 모임에 나가든 자신을 알리기에 앞서 그 모임의 발전에 기여하고 일원이 되는 것이 중요하다.

그러고 나면 자신이 무엇을 강의하는지 정확히 알려라. 막연하게 도와달라고 하면 구엇을 도와줘야 할지 난감하다. 강사는 많다. 내 이름 석 자를 알려봤자 제대로 기억할 리 없다. 하지만 차별화된 내용을, 차별화된 방법으로 강의한다면 그것은 곧 관심이 되고 기억이 된다. 그리고 언제 도와줄 수 있을지 기회를 찾게 된다.

강의 주제가 중요하다

'맛집'은 맛이 좋을 것이라고 생각하는 게 당연하다. 그래서 특별한 날이면 인터넷을 검색해 일부러 맛집을 찾아가는 사람들이 많다. 하지만 맛집을 방문하고 만족스러운 느낌이 드는 경우는 드물다. 기나긴 대기 시간에 지치거나 턱없이 적은 양과 비싼 가격에 실망하고, 불친절에 불편해하면서 비로소 광고에 낚였다는 것을 알게 된다.

2011년에 제작된 국내 다큐멘터리 〈트루맛쇼〉는 방송과 식당의 부적절한 관계를 적나라하게 보여준 작품이었다. 방송을 위해 메뉴를 급조하고 고객의 반응도 꾸며서 내보내는데, 한마디로 충격 그 자체였다. 그야말로 '맛이 간' 집들이 '맛있는' 집으로 소개되는 형국이었다. 어쩌면 방송도 맛이 갔는지 모른다는 결말도 의미심장했다.

베스트셀러인가, 스테디셀러인가

명강사가 되고 싶은 사람들이 많다. 그런데 사람들의 입에 자연스럽게 오르내리려면 시간이 많이 걸리니까 속성으로 되려고 한다. 맛집처럼 자신을 홍보하기에 적절한 방법이라고 생각하는 듯하다. 그러다 보니 수많은 단체들이 명강사를 내세워 호객을 한다. 때문에 지나치게 상업적인 단체로부터 명강사 칭호를 부여받았다면 득보다 실이 많을 수도 있다.

명강사는 자격증이 아니다. 자신의 입으로 명강사라고 해도 강의를 들은 사람이 동의하지 않으면 아무 소용이 없다. 따라서 명강사에 대한 욕심 이전에 무엇을 강의해야 할지부터 고민해야 한다. 잘할 수 있는 강의가 무엇인지, 없다면 무엇을 배워서 강의할 것인지, 배운다면 배우기 쉬운 내용을 선택할지, 시장의 수요가 많은 것을 선택할지 잘 생각해야 한다. 또한 시장의 수요가 있다고 해도 그것이 베스트셀러인지, 스테디셀러인지 따져봐야 한다.

나는 심리학을 전공한 탓에 인간관계와 관련한 주제의 강의를 한다. 상사와 부하 관계라면 리더십 혹은 팔로워십일 것이고, 서비스 제공자와 고객이면 CS, 세일즈맨과 고객은 협상과 설득 커뮤니케이션이다. 부부 관계나 부모자녀 관계는 물론 조직 내 다양한 관계에서 발생하는 갈등관리나 조직 활성화도 강의가 가능하다.

이처럼 사람들끼리 어울려 살아야 하는 한 인간관계는 영원한 숙제다. 그리고 확장 가능성도 얼마든지 많다. 그러면서도 사내 강사가 다루기엔 껄끄러운 주제다. 어려워서가 아니라 강의하는 대로 실천하기 어렵기 때문에 함께 생활하면서 민낯을 볼 수 있는 사내 강사로서는 불편한 주제일 수밖에 없다. 따라서 나는 운이 좋았다고 할 수 있다. 인간관계를 강의할 자격도 있고 스테디셀러기도 하니 잘만 한다면 언제까지라도 할 수 있다.

그러나 할 수 있는 것과 잘하는 것은 별개다. 예를 들어 웃음을 주제로 한 강사는 많다. 그런데 웃음 강사의 내용은 너무나 대동소이하다. 배운 대로만 강의를 하니까 그렇다. 에니어그램이나 DiSC와 진단도구를 기반으로 하는 프로그램도 마찬가지다. 유형을 확인하고 유형별 특색을 설명해주니 그 강사가 그 강사다.

잘하기 위해서는 교과서와 같은 일직선적 내용 전개나 유명한 책을 요약하는 식의 설명식 강의는 곤란하다. 자신의 생각과 경험, 그리고 감정을 담아야 한다. 때문에 자신의 이력과 무관한 주제는 피해야 한다. 적어도 강사의 이력을 소개했을 때 왜 이런 강의를 하는지 납득이 가야 청중은 강사의 이야기에 집중할 수 있다.

그런 면에서는 조직 경험이 많은 남성이 유리하다. 아직 여성 강사들은 기업 대상의 강의에서 주제나 대상에 제한을 받는 일이 종종 있다. 주로 여성 강사들은 서비스, 이미지 메이킹, 웃음, 커뮤니케이션 등에 집중되어 있다. 여성학자인 카사 폴리트Katha Pollitt는 "세계 인구의 절반이 여자인데도 미디어 속의 주요 캐릭터 중 여성은 1명뿐이다. 남성은 이야기의 흐름을 주도하는 데 반해 여성은 남성들과의 관계 속에서만 존재"한다며 만화영화 스머프의 한 명뿐인 여성 캐릭터의 이름을 따서 '스머페트의 법칙The Smurfette Principle'이라 명명한 바도 있다.

함께할 때 더 큰 용기가 생긴다

특정 음식만으로 명성을 얻은 전문 식당도 있지만 어렵다면 다양한 메뉴로 승부할 수도 있다. 즉 자기 경험만으로 강의 주제를 선택하는 데 한계가 있다면 학습을 통해 다양한 전문성을 확보할 필요가 있다. 물론 비용과 시간을 투자해야 하지만 학습 외에도 네트워크 형성으로 혼자일 때보다 더 큰 용기를 낼 수 있는 장점이 있다.

강사에 대한 수요가 많다 보니 강사양성 기관도 상응해서 많지만 공신력으로 보면 (사)한국강사협회의 '명강사 육성과정'이 단연 으뜸이라고 할 수 있다. 이미 현장에서 활동하고 있는 수많은 명강사와 인연을 쌓을 수 있고, 능력 개발을 위한 스터디나 세미나, 강사 경진대회를 통해 지속적인 지원도 기대할 수 있다.

여유가 있다면 이화여대 미래글로벌평생교육원의 '최고 명강사 과정'이나 고려대 평생교육원의 '명강사 최고우' 과정'도 관심을 가져볼 만하다. 아무래도 대학이 자신의 이름을 걸고 운영하는 과정이라 저명한 강사들과의 만남은 물론 사회 각 분야에서 활동하는 동료들과 끈끈한 연대감을 만들 수 있다.

큰 비용 들이지 않고도 강사의 꿈을 키워나갈 수 있는 커뮤니티도 있다. 15년 역사를 가진 '한국기업교육 리딩소사이어티- 병아리 강사들 닭이 되는 그날까지'도 그중 하나인데, 매월 정모와 수시로 진행되는 스터디를 통해 능력 개발뿐 아니라 젊은 강사들과의 교류도 확대할 수 있다.

분명한 것은 어떤 단체나 모임도 자신을 강사로 만들어줄 수는 없다. 본인이 강사로 살려고 해야 한다. 따라서 누구나 쉽게 명강사가 될 수 있고 강의 기회를 제공하겠다고 하면 '보이스 피싱'이라고 생각하는 게 맞다. 그것은 돈으로 명강사를 사는 것이고 아무 쓸모도 없는 창피한 명예가 될 것이다.

그래도 확신이 없다면 부담이 덜한 국비지원 프로그램들을 먼저 경험해보는 것도 좋다. 학교 자율학기제를 위한 방과후강사(경기도 교육청은 YWCA에 위탁을 줘서 디딤돌강사제도를 운영한다), 공익적 성격에서 청소년노동인권강사, 양성평등교육강사, 성희롱예방교육강사, 노인성교육강사, 장애인성교육강사, 실버세대 대상의 복지관강좌강사 등 너무나 다양해서 일일이 열거하기 힘들 정도다. 역사교육전문가 및 체험학습강사, 인구교육전문강사, 생활금융교육 지역강사, 민주시민교육강사 등등 특별한 목적을 가진 강사과정들도 인터넷을 통해 검색이 가능하며, 평창 동계올림픽을 성공적으로 치르기 위한 시민 강사처럼 한시적으로 운영하는 과정도 있다.

어쨌든 강의 주제는 강사로서의 정체성을 결정하는 만큼 신중한 선택이 필요하다. 자기 경력을 살릴 수 있는 것이 최선이겠지만 준비하는 과정에서는 조금 더 범위를 넓힐 필요가 있다. 새로운 분야에 도전하다 보면 콘텐츠를 풍성하게 할 수 있고 그만큼 자기 주제에서 깊은 맛을 낼 수 있기 때문이다.

그렇다고 뭐든 강의하라는 것은 아니다. 짜장과 짬뽕을 반씩 섞은 짬짜면은 자연스럽지만 짜장과 갈비탕의 조합이라면 어색하기만 하다. 눈앞의 강의가 탐이 나서 이것저것 하다보면 당신을 떠올려도 무엇을 잘 하는지 확신하기 어렵다. 고기를 먹은 뒤 먹는 상큼한 냉면, 비 오는 날 먹는 빈대떡과 막걸리처럼 서로 궁합이 맞아야 한다. 일이 아쉽던 초기에는 문제해결 과정도 할 수 있다고 나선 적이 많았지만 분석적이고 논리적인 느낌이라 인간관계와는 이질감이 들어 피한 것도 그 때문이다.

5장

매력적인 강의 콘텐츠, 이렇게 만든다

나를 알리기보다
전할 메시지에 집중하라

깨질 것을 두려워하지 않는다

 교육을 시킨다고 할 때 쉽게 극복할 수 없는 관습의 벽이 있다. 가르치는 사람이 교육생보다 나이가 많거나 더 많이 배워야 한다는 것이다. 이왕이면 그럴듯한 약력으로 구색을 갖춰야 한다. 그것도 아니라면 아무나 쉽게 경험할 수 없는 인생의 역경이 있어야 한다.
 교육이라는 말이 맹자의 '천하의 영재를 모아 교육한다得天下英才而敎育之'에서 유리한 것처럼 회초리로 아이를 배우게 하고(敎) 갓 태어난 아이를 기르는 것(育)이다. 영어 education도 라틴어 educare(양육하다)가 어원이듯이 어린아이를 바르게 이끄는 과정이다.
 그러니 어린이가 아닌 성인을 교육한다는 것은 부담스러운 게 당연하다. 그러나 교육을 단지 모르는 것을 깨우쳐준다고 생각하지 말고 내적인 잠재력을 일깨워 스스로 삶에, 혹은 일하는 모습에 변화를 일으키도록 돕는다고 생각하면 마음이 조금 홀가분해질 것이다.

쫄지 마라

2015년 10월, 브라질과의 축구 경기에서 우리나라가 승리를 거두었다. 비록 17세 이하였지만 지금껏 국제축구연맹 FIFA가 주관하는 공식 경기에서 단 한 번도 이겨본 적이 없었기에 감격스럽고 통쾌한 일이었다. 브라질은 이름만으로도 위협적인 존재고, 같은 조에 편성되면 무승부를 목표로 할 만큼 벅찬 상대였기 때문이다.

마찬가지로 교육생이 누구인가에 따라 부담의 크기도 제각기 다르다. 직급이 높거나 박사, 판검사나 의사, 교수와 같은 전문직 종사자들이라고 하면 긴장할 수밖에 없다. 하지만 스포츠에도 대진 운이라는 것이 있어서 약한 상대를 만나기도 한다. 교육생 중에도 편한 상대가 있긴 하다. 지금 나에게는 40대 이상의 여성이 그렇다. 그들은 교육에 대해 수용적이고 강사에게도 호의적이다.

반면 대리급은 제일 신경 쓰인다. 다른 강사들과 이야기를 나눠도 비슷한 의견이다. 요즘은 '중2' 청소년들이 세상에서 가장 무섭다고 하는데 직장에서는 대리가 그렇다. 아직 권한이 적으나 실무적으로 처리할 일은 많다 보니 회사 정책이나 리더에게 불만이 많고 비판적 시각에 익숙해진 듯하다.

하지만 운에만 기댈 수는 없다. 운은 어쩌다 한 번이지, 계속 반복될 수 없다. 그리고 운으로 얻은 승리는 가치도 평가절하 된다. 교육생들의 나이, 학력, 경력 등을 감안하면 오히려 부담스러운 경우가 훨씬 많다. 강의를 처음 시작했던 20대 후반에는 모두가 그런 교육생들뿐이었다.

나보다 3~4년 빨리 대기업에서 사회생활을 시작했던 선배들에게 풋내기인 내가 인생을, 조직 생활을, 인간관계를 이야기하려니 그야말로 죽을 맛이었다. 그러나 운이 좋았다. 처음 몸담았던 교육 기관의 프로그램이 강의보다 체험 방식이라 강의 부담을 절반으로 줄일 수 있었다.

지금은 체험식 교육이 많이 보급되었지만 당시만 해도 색다른 교육 방식이었다. 강사가 일방적으로 가르치던 교육과 달리 교육생끼리 실습을 통해 깨우칠 수 있도록 안내자 역할이 강했다. 예를 들어 2시간 교육이라면 실습 방법을 잠깐 설명하고 1시간 정도 자체적으로 체험하도록 유도한다. 체험이 끝나면 팀별로 느낀 점을 정리해서 발표한 후 교육생들이 놓쳤던 부분을 강사가 보완해주는 식이다. 강사라기보다 조력자나 촉진자에 가까웠다.

그렇지만 지금은 모두에게 운이 좋은 시대다. 교육에 대한 낡은 관습이 사라져가고 있다. 오히려 나이가 많으면 진부하다그 해서 흠이 되는 경우도 있고, 학력이나 경력도 상대적으로 덜 중요해졌다. 연예인, 운동선수, 작가, 평범한 시민이나 대학생에게도 사람들이 귀를 기울인다. 관건은 주제의 명확성과 유익성이다.

스포츠에서도 강한 상대를 만나면 승리에 연연하지 말고 경기를 즐기라고 한다. 마찬가지로 교육생을 겁내지 말고 내 이야기에 집중하면 그만이다. 주눅 들지 말자. 어차피 한번으로 끝날 이야기가 아니다. 실패한 이야기마저 다음 강의에 훌륭한 밑천이 될 것이다.

자기 자신을 믿어라

오카노 마사우키는 프레스 금형기술자다 그가 운영하는 오카노 공업은 직원 여섯 명이 전부인 작은 규모의 회사다. 그러나 대기업들도 함부로 할 수 없는 초일류 기업이다. 그는 정확도를 중시하는 금형을 도면 없이 제작하는 것으로 유명하다. 생각으로만 금형을 제작하기 때문에 아이디어가 무한하게 확장된다. 그래서 과학 기술을 앞서는 인간이란 찬사를 받는다.

그는 비즈니스에서 제일 중요한 자산은 신뢰라고 말한다. 기술자인 그에게 신뢰란 약속한 제품을 어김없이 만들어주는 것이다. 고객의 기대치에 맞는 확실한 결과물을 제공한다. 그래서 하청 업체이면서도 비즈니스의 주도권을 가지고 있다.

이처럼 상대를 겁내지 않으려면 자신만의 확실한 자산이 있어야 한다. 물론 오카노 사장도 처음부터 그것을 갖고 있지는 않았다. 시간이 지나면서 그런 자산이 쌓여갔을 뿐이다. 때문에 실패를 두려워할 필요는 없지만 초반에는 신중한 선택이 필요하다. 왜냐하면 초반에 실패를 거듭하면 아무래도 위축되는 일이 많아지기 때문이다.

해볼 만하다고 해서 처음부터 무조건 달려들지 말고 잘할 수 있는 것에 집중하는 것이 좋다. 운동 경기에서도 감독이 바뀌면 팀 스타일도 달라진다. 감독의 현역 시절 포지션이 공격수였으면 공격적으로 변하고 수비수였으면 그 반대가 된다. 아무래도 경험 많고 잘할 수 있는 부분부터 손을 대기 때문이다.

어떤 연구소에서 의뢰를 받았는데 교육생의 90퍼센트가 박사급이었다. 박사라면 특정 분야에서 최고 경지에 오른 사람인데 한두 명도 아니고 30명이나 된다고 하니 상당히 부담스러웠다. 또 다른 회사에서는 팀장급 교육이 잘 끝나서 임원급까지 확대하기로 했는데 사장님도 교육에 들어온다고 했다. 한두 시간도 아니고 이틀간 12시간을 꼬박 참여한다니 답답한 노릇이 아닐 수 없었다.

그런데 뒤집어 생각하면 임원 교육을 하던서 담당자가 아무 생각 없이 나를 선택했을 리 없다. 때문에 자신을 믿어도 되고, 부담을 혼자 가질 필요도 없다. 그리고 박사라고 주눅 들 필요도 없다. 우스갯소리지만 학사는 모든 걸 다 알고, 석사는 모르는 게 조금 있고, 박사가 되면 모르는 게 많다는 것을 깨닫게 된다고 한다.

결국 몰라서 불안한 것이 아니라 그것을 들킬 것 같아 아는 척하다 보면 더 불안해진다 깨지지 않으려는 두려움이 불안을 더 자극할 뿐이다. 서브프라임 모기지 사태를 예언하면서 '블랙 스완' 현상을 알린 투자 전문가 나심 탈레브 Nassim Nicholas Taleb. 그가 만든 안티 프래질 Anti-Fragile 이란 용어가 있다. 프래질은 '충격을 받으면 깨지기 쉬운'이란 뜻인데 반대 의미로 사용한 말이다.

그는 "보통 프래질의 반대말을 강건한 robust이나 탄력적인 resilient이라고 생각하지만 그보다는 충격을 받으면서 더 단단해지는 안티 프래질이 적절하다"면서 "경제도 살아 있는 유기체와 비슷해서 평소 작은 실패를 통해 스트레스를 받아야 큰 위기가 왔을 때 견딜 수 있는 강한 체질로 진화한다"고 설명했다

따라서 안티 프래질은 '깨지는 것을 두려워하지 않는 마음'으로 이해하면 될 듯하다. 실패를 걱정해 시작도 못하는 것처럼 어리석은 일은 없다. 그리고 실패했더라도 원인을 온전히 자신의 몫으로 짊어질 이유도 없다. 다만 강의는 사람들 평판에 영향을 많이 받는 만큼 초반에는 준비된 강의에 집중해야 한다. 자칫 섣부른 도전으로 상처를 받으면 특정 상황이나 대상에 대해 트라우마가 생길 수 있다.

경험만 늘어놓지 않는다

뭔가에 대해 정확하게 말하려면 직접 해보는 것만큼 좋은 방법이 없다. 그렇지만 우리가 살아가며 경험할 수 있는 일에는 한계가 있다. 가끔 아는 척하거나 잘난 척하는 사람들에게 "해봤어?" 하고 물어보면 입을 다무는 것도 그 때문이다.

직접 해봤다고 해도 경험 자체만으로 콘텐츠를 개발하는 것은 강의의 지속성이나 확장성에 문제가 있다. 좀처럼 경험하기 힘든 일이나 '얼리어댑터 early adopter'처럼 먼저 경험해보는 것은 분명 개인에게는 의미 있는 일이다. 그러나 자기 자랑 수준이나 연대기 형식을 탈피하지 못한다면 좋은 강의 콘텐츠라고 할 수 없다. 따라서 경험은 소재는 될 수 있어도 그 자체가 주제일 수는 없다.

무슨 말을 하고 싶은가?

우리나라 최초로 세계 여행을 다녀온 분이 강연에 자주 초대되었던 적이 있었다. 당시로서는 희소가치가 충분했지만 해외여행자수 1600만 명 시대(2014년 기준)인 지금은 더 이상 관심사가 아니다. 그림을 그리며 22개월간 46개국을 여행했다는 여대생의 이야기도 책과 텔레비전을 통해 소개되었지만 자전적 메시지를 뛰어넘지 못하면 사람들의 관심은 일시적인 데 그친다.

가끔 스포츠 스타나 연예인 또는 시의성 있는 인물이 강사로 나서기도 하지만 단지 호기심을 충족시키는 수준이라면 르포나 다큐멘터리와 다를 게 없다. 프랑스어로 탐방의 뜻을 가진 '르포르타주reportage'는 어떤 현실에 대하여 보고자의 주관을 섞지 않고 객관적으로 서술하는 것으로, 생생함과 박진감을 그대로 전하는 것이 특징이다. 다큐멘터리도 프랑스어 'documentaire'가 기원인데, 기행의 기록이라는 의미처럼 사실적인 정보를 제공한다.

하지만 강의는 사실의 나열이 아니다. 스마트폰으로 사진을 찍어 페이스북이나 블로그에 올리는 것은 단순한 일상의 단편들이고 정보의 축적일 뿐이다. 당시의 생각과 감정을 정리한 이야기가 첨부될 때 강의 소재가 된다.

강의에는 목적이 있어야 한다. 그렇다고 목적만으로 가르쳐야 한다는 말은 더더욱 아니다. 빤한 교훈적 메시지는 누구든 듣기 싫어한다. 때문에 말하는 사람이 아니라 들어야 하는 사람의 관점에서 생각해야 한다. 토끼와 거북이를 통해 자만을 경계하고 성실함을 이야기한다면 교육생을 주목시킬 수 없다. 인생은 짧지 않다며 토끼의 여유를 강조할 때

비로소 특별한 메시지가 된다.

만약 올림픽 금메달리스트가 자신이 메달을 따기까지의 좌절과 도전만을 이야기한다면 그것은 강의가 아니다. 메시지를 보태야 한다. 요즘 미래에 대한 불안이 커지고 있는데 그럴수록 자기 꿈을 분명히 하는 것이 나에겐 도움이 되었고 여러분에게도 그랬으면 좋겠다는 메시지로 포장할 때 강의가 되는 것이다.

때문에 경험의 시작부터 끝까지 전부가 필요한 것이 아니다. 과감한 '통 편집'도 필요하고 중요한 부분에 집중하여 부풀릴 수도 있어야 한다. 이처럼 콘텐츠 개발에서도 선택과 집중이 필수인데, 이에 대한 스티브 잡스Steve Jobs의 의견에 전적으로 동의한다.

"사람들은 집중해야 할 대상에 대해 '예'라고 말하는 것이 참된 집중이라고 생각한다. 그러나 이것은 의미를 완전히 잘못 알고 있는 것이다. 집중이란 그 밖의 다른 좋은 아이디어들에 대해 '아니오'라고 말하는 것을 뜻한다. 신중하게 선택해야 한다. 나는 실제로 우리가 한 일 못지않게 하지 않은 일도 자랑스럽게 여긴다. 수많은 것들에 '아니오'라고 말하는 것, 그것이 혁신이다."

자신의 경험 중 듣는 사람의 입장에서 아무런 의미가 없는 것을 도려낼 수 있는 '아니오'의 결단이야말로 교육생을 집중시키는 방법 중 하나다. '지나치게 자기 자랑만 늘어놓았다'는 평가를 받고 싶지 않다면 자기 경험에 대해 이야기하는 이유가 무엇인지 스스로에게 먼저 설명할 수 있어야 한다.

두 눈으로 보자

무성영화 시절 변사라는 직업이 있었다. 그들은 관객들에게 줄거리를 알기 쉽게 설명해주었고 특정장면 속 배우들 감정을 생생하게 묘사하여 극적인 감동을 주기도 했다. 훌륭한 변사는 자기가 연기자가 아닌 만큼 극중 배우들 모습을 최대한 분석하여 관객들이 공감할 수 있도록 자기 언어로 표현해냈다.

그러한 면에서 볼 때, 강사는 변사와 같다. 왜냐하면 강사도 자기 경험만으로는 부족해서 다른 사람들의 이야기를 활용해야 하는데 정확한 이해 없이는 교육생의 공감을 불러일으키기 어렵기 때문이다. 더구나 인터넷에서 보았거나 다른 사람의 경험을 자기 이야기처럼 이야기했다가는 낭패를 볼 수도 있다.

사내 강사를 양성할 때 이야기다. 가족과의 에피소드를 소재로 강의를 하는데 반응이 예전과 같지 않았다. 느낌이 이상해 쉬는 시간에 물어보니 똑같은 이야기를 이전 시간에 들었다는 것이다. 누가 강의를 했나 확인해 보니 예전에 사내 강사 양성과정에 들어왔던 강사인데 내 강의를 듣고 자신의 이야기처럼 각색했던 것이다. 다행히 사내 강사가 나를 카피한 것으로 이해해주어서 웃고 넘어갔지만 오해를 풀지 못했다면 난감한 상황이 될 뻔했다.

이뿐 아니다. 내가 인용한 사례를 다른 강사들도 사용할 수 있다. 그 경우 다른 강사와 메시지가 충돌할 수 있기 때문에 강의 전에 의심 가는 제목이 있다면 점검을 해두는 것이 좋다. 그러나 다른 강사의 자료를 받아보기 쉽지 않을 테니 강연장에 일찍 도착해서 교재를 확인하거나 담당자에게 어떤 식으로 언급이 되었는지 확인해야 한다.

한번은 은행으로부터 외국인을 대상으로 한 강의 요청을 받았다. 외국어로 말하는 것도 익숙하지 않은데 강의라니, 가당치도 않아 능력 밖이라고 거절했다. 그런데 국내로 유학 온 외국인들이기 때문에 한국말을 곧잘 하고, 듣는 데는 별문제가 없다고 했다. 방학을 이용해 인턴십 기회를 주고 우수한 인력은 향후 글로벌 인재로 채용할 계획이라고 했다. 외국인에게 강의를 한다는 색다른 상황에 호기심이 발동했고, 우리말도 알아들을 수 있다는 말에 용기를 얻어 수락을 했다. 주제는 '변화의 시대, 자기관리'여서 글로벌 사례를 언급하면 그리 어려울 것 같지도 않았다.

그런데 강의 준비를 하다 보니 신경 쓸 것이 너무나 많았다. 국적이 15개 나라가 되다보니 문화적 차이가 뚜렷했다. 우선 동서양이 달랐고 남녀, 종교, 우리나라와의 관계 등 걱정되는 것이 한둘이 아니었다. 우리 같으면 쉽게 공감할 수 있는 군대에서의 에피소드도 그들에게는 생뚱맞은 이야기로 들릴 수 있었다. 3시간 강의였지만, 온종일 강의한 것보다 더 지쳤던 하루였다.

교육생이 공감할 수 있는 소재를 발굴하는 것은 쉬운 일이 아니다. 때문에 일상에서 통합적 시각을 갖는 것이 도움이 된다. 통합적 시각이란 두 눈으로 세상을 보는 것이다. 자신의 입장과 상대의 입장, 즉 아파서 병원에 갔을 때 환자인 자신의 처지만 생각하지 말고 같은 상황에서 그럴 수밖에 없는 의료 서비스 제공자의 시선을 쫓아가 보면 폭넓은 경험을 확보할 수 있다.

미 공군 조종사로 한국전쟁에도 참전했던 존 보이드[John Boyd]의 전략인 'OODA-Observe(관찰하고), Orient(방향을 잡고), Decide(결정하고)

Act(행동하라)'을 참고하여 강의하는 것이 필요하다. 유명한 통계학자이자 작가인 네이트 실버$^{Nate Silver}$도 결정의 중요함을 다음과 같이 말한다.

"우리는 1초에 미 의회도서관에 보관돼 있는 모든 인쇄물의 3배와 맞먹을 정도로 많은 양의 데이터를 생성한다. 그중 대부분은 아무런 의미도 없는 노이즈에 불과하다. 따라서 정보를 걸러내고 처리하는 기술이 없으면 문제에 봉착하게 된다."

재미, 내용, 다음은 무엇?

성인들은 왜 강의를 들을까? 학생들이 학교에서 강의를 듣는 이유는 새로운 지식과 기술을 익히는 것 자체가 목적이라면 성인들의 경우는 다르다. 성인은 이미 알고 있음에도 그대로 행하지 않을 때가 많다. 잘못 알고 있기 때문일 수도 있지만 제대로 알고 있어도 대개는 그렇게 하지 않는다.

따라서 성인을 대상으로 하는 강의는 단지 모르는 것을 알려주거나 잘못을 바로 잡아주는 것으로 끝나서는 안 된다. '정확히 알았으니 해볼까' '그동안 이런저런 이유로 실천하지 못했지만 이제부터라도 해볼까'라는 마음을 들게 하여 실제 생활에서 변화를 이끌어내야 한다. 그렇게 하려면 어떻게 강의를 해야 할까?

재미있는 것만으로는 부족하다

강의도 세상의 변화와 무관할 수 없다. 시기적으로 보면 1990년대 후반까지를 강의 1.0시대, 2010년 이전을 강의 2.0시대, 그 후를 강의 3.0시대로 구분할 수 있다. 성인 교육의 핵심인 '변화'를 위해서는 학습자의 마음을 움직여야 하는데, 그 핵심 수단이 재미에서 내용으로, 내용에서 공감으로 발전해왔다.

강의 1.0시대는 말솜씨가 강의 반응을 좌우했다. 초창기 유명 강사들은 1970년대 새마을운동의 일환으로 의식 개혁을 전담했던 분들이나 방송 관련한 일을 해서 사람들 앞에 서는 것을 두려워하지 않았다. 그야말로 청중을 웃기고, 울리고, 들었다 놨다 하는 기가 막힌 스피치 능력을 가지고 있었다. 현장감 넘치는 사례와 실감 나는 연기력, 부부 싸움 이야기를 하면 눈앞에서 진짜 싸움이 벌어지고 있는 생생한 느낌을 주니 기존의 틀에 박힌 교육과는 비할 바가 아니었다.

여기에 약간의 외국 정보나 영어가 곁들어지면 금상첨화였다. 특히 강사 약력에 외국 대학과 대학원 이름이 적혀 있으면 훨씬 신뢰하는 분위기였다. 정보를 확인할 길이 없어 그런 학교가 실제로 있는지 없는지 몰랐기 때문에 아무렇게나 갖다 붙이면 무엇이든 다 경력이 되던 시대였다. 유명 인사들의 학력 허위가 문제되기까지 꽤 오랫동안 관행처럼 그렇게 해왔다.

이후 2003년을 기준으로 가구당 인터넷 보급률이 70퍼센트에 육박하면서 청중의 수준과 기대치가 높아졌고, 강의 시장에도 변화의 조짐이 보이기 시작했다. 강의 내용에 대한 불만의 소리가 적극적으로 표출된 것이었다. 사실과 다른 '카더라' 수준에 불과하다든가 강사의 주관을 일반화한 궤변이라는 혹평도 있었다. 그리고 들을 때는 재미있었는데 듣고 나니 남는 게 없다거나 변죽만 울리고 알맹이는 없는 말장난이었다는 반응들도 있었다. 결국 내용의 허술함에 대한 반작용으로 강의 2.0 시대가 시작됐다.

아마도 '알릴 가치가 있는 아이디어Ideas worth spreading'를 모토로 시행된 TEDTechnology, Entertainment, Design 강연회가 국내에도 알려지면서 전문적이고 논리적인 내용에 대한 갈증이 커진 듯하다. 결국 높아진 눈높이에 맞추려다 보니 자연스럽게 대학교수들의 인기가 높아졌다. 물론 따분하게 강의하던 교수들에겐 그림의 떡이었지만 해외파 교수들에겐 기회로 작용했다.

결국 말솜씨와 탄탄한 내용은 강의 시장에서 생존하기 위한 당연한 키워드가 되었다. 기업 현장에서 활동하던 강사들도 대학이나 대학원으로 유턴하기 시작했다. 실무적인 경험은 충분할지라도 청중과 비슷한 학력으로는 전문성을 입증할 수 없었기에 어쩔 수 없는 선택이었다. 이제 석사 취득이 강사의 필수 조건이라고 할 만큼 학력도 인플레이션 되었다.

또한 방송 채널이 늘어나면서 다양한 콘텐츠가 필요했던 방송국들은 이야기 프로그램을 앞다투어 쏟아냈다. 아침 시간에 주부를 대상으로 한 프로그램 이외에도 〈세상을 바꾸는 시간 15분〉〈이야기쇼 두드림〉〈희망특강 파랑새〉〈강연 100℃〉 등 강의 위주의 텔레비전 프로그램들이 생겨나고 없어지길 반복했다.

노래방 분위기를 다운시키는 사람이 있다

그러다 보니 교수나 유명 인사만으로는 강사가 부족해졌고 그 자리를 유명 연예인과 독특한 사연을 가진 일반 시민들이 대신하기 시작했다. 바야흐로 전 국민 강사 시대라고 할 만큼 강연 환경이 조성되었다. 물론 기업 현장에서 활동하던 강사들도 유명세를 얻기 위해 미디어를 적극 활용했다. 하루아침에 전 국민이 아는 유명 강사가 탄생했고 그분들의 강사료는 천정부지로 뛰어올랐다.

하지만 텔레비전에서는 감동적이고 좋았던 강의였는데 막상 기업에 초대해 들어보면 그 느낌이 아닌 경우가 많았다. 이미 공개된 내용을 재탕, 삼탕 한 탓도 있지만 텔레비전에서 본 것처럼 재미있지 않다는 것이다. 그러니 청중의 반응도 시큰둥했고 비싼 강사료에 회의감이 생겼다.

사실 텔레비전은 편집의 힘이 크다. 재미없고 실수한 부분은 잘라버리면 되고 강사의 여백을 사회자나 패널들이 메워주면 물 흐르듯 자연스럽다. 그러나 기업에서의 강의는 텔레비전보다 훨씬 시간이 길다. 텔레비전 강의는 길어야 1시간 이내로 진행되지만 기업에서는 1시간 반에서 2시간이 일반적이다. 게다가 시작부터 마지막까지 강사 혼자서 감당해야 한다. 유명세로 인해 청중들의 기대감이 더해지면 평가는 더욱 냉정해질 수밖에 없다.

그래서 말솜씨와 탄탄한 내용을 뛰어넘어, 바야흐로 강의 3.0시대가 찾아온 것이다. 청중과 함께 호흡할 수 있는 센스, 즉 공감 능력이 중요해졌다. 공감이란 청중의 생각과 느낌을 알고 반응하는 것이다. 그러기 위해서는 청중이 누구인지에 따라 그들에게 익숙한 언어를, 그들에게 익숙한 느낌을 전할 수 있도록 준비해야 한다. 아무리 좋은 외국 기업의 사례라고 해도 청중이 '그 나라니까 가능한 이야기지'라고 치부해버리거나 '우리 사정과는 너무 맞지 않는군' 하고 느낀다면 공염불이 되고 만다.

노래방에 가면 노래를 기가 막히게 잘하지만 그 사람만 노래하면 분위기가 다운되는 경우가 있다. 이유는 간단하다. 그 사람은 자기가 부를 노래에만 충실하기 때문이다. 심지어 번호를 외우고 다니며 노래방에 들어가자마자 자신이 부를 노래를 예약해놓는 사람도 있다. 함께 가는 사람이 누구이든, 어떤 분위기에서 노래방을 가든 상관없다. 자신의 노래만 부르면 그만이기 때문이다.

강의가 이래서는 곤란하다. 지금 초등학교 1학년 아이에게 자신이 하고 있는 일을 설명한다고 상상해보자. 어떻게 말하고 있을 것 같은가? 아마도 자기 편한 대로 말하기보다 그 아이가 이해할 수 있는 단어를 떠올리려고 애쓸 것이다. 말을 하면서도 이해했는지 아닌지를 확인하기 위해 그 아이의 표정을 살펴볼 것이고 의심스러우면 질문할 것이다. 때로는 손짓 발짓도 섞어가며 최대한 부드러운 모습으로 이야기하려고 노력할 것이다.

강사는 이래야 한다. 강사 자신만을 위한 자리가 아니라 청중의 변화를 돕는 것이기 때문이다. 따라서 자기 자랑이나 아는 것을 열거하는 것으로 끝나면 안 된다. 달변에 앞서 청중의 작은 소리도 놓치지 않아야 하고, 청중을 웃게 만들려고 한 사람을 바보로 만드는 무례한 말솜씨도 안 된다. 또한 귀로는 그럴 듯하지만 가슴은 찡하지 않거나 한바탕 웃고 나면 그것으로 용도를 다하는 소비적 내용으로도 곤란하다.

가족을 활용한다

아는 것이 힘이었던 시절도 있었다. 그러나 지금은 구글링googling을 통해 누구나 쉽게 정보를 구할 수 있고, 사람들의 흔적들은 빅 데이터란 이름으로 키워드만 치면 추적이 가능하다. 『인간 인터넷The Internet of us』이란 책을 쓴 저자 마이클 린치Michael Lynch는 '구글 노잉google knowing'이라고 해서 요즘 사람들이 구글과 같은 인터넷 포털을 통해 편하게 정보를 습득하다 보니 오히려 생각하는 습관이 없어지고 있다고 걱정한다.

대학 교수의 강의가 '따분하고 이론적'인 이유도 단순히 정보를 제공하는 차원에 머물기 때문이다. 동국대 석좌교수이자 여러 책을 출간한 조벽 교수는 미시간 공과대학에서 20년간 재직하며 교수들에게 교수법을 가르친 것으로 유명하다. 그 명성 덕분에 우리나라에서도 새로운 교수법이 관심을 끌기도 했지만 여전히 자기 지식에 대한 확신으로 버티는 교수들이 있는 것도 사실이다.

물론 교수는 학점이란 통제 수단을 가지고 있기 때문에 그래도 설 자리가 있지만, 사회는 그렇지 않다. 교육생과 공감하고 소통하지 못하는 지식은 설 곳이 없다. 잉크 냄새 가득한 책 속의 지식이 아니라 삶의 냄새가 나는 이야기를 필요로 하기 때문이다.

아이와 대화 시간 6분

아리스토텔레스Aristoteles는 지혜를 소수만 이해하는 형이상학적인 지혜와 프로네시스phronesis, 둘로 구분했다. 여기서 프로네시스는 '인류에 좋고 나쁜 것을 고려해 행동할 수 있는 진실하고 합리적인 능력' 또는 '다른 사람들과의 논의와 검토를 통해 바르게 판단하는 능력으로 타인의 입장에서 타인을 이해하는 것'이라고 정의하고 있다.

단순한 지식이 아니라 실천 가능한 지혜라고 할 수 있다. 강의를 하려면 교육생과 공감대를 만들어줄 그런 지혜가 있어야 한다. 아무리 많이 알고 있어도 그것을 경험한 사람이 있다면 위축될 수밖에 없다. 여자가 아니기에 여성들의 심리를 제대로 알기 어렵고, 신세대가 아니니 요즘 젊은이들의 관심사를 꿰뚫어보기가 쉽지 않다.

그러나 가족과 함께라면 어렵지 않다. 드라마를 즐겨 보는 아내가 있고, 게임을 좋아하는 신세대 아들이 있다. 유명 작가들도 혼자서 모든 것을 다하는 게 아니다. 정도의 차이는 있겠지만 문하생들의 도움이 있기에 가능하고, 기자들은 취재원, 경찰은 정보원들의 도움을 받는다.

사실 교육생이 다양해서 혼자의 통찰력으로는 한계가 있다. 아내와 산책을 하며 여성들 관심사를 듣기도 하고 텔레비전 속 사람들에 대해 알아도 간다. 뉴스에 나오는 사건사고에 대한 다른 시선을 확인하기도 한다. 인터넷 가십 기사도 확인한다. 자녀와 소주 한잔 기울이며 젊은 세대의 고민을 들으며 새삼 아빠로서의 역할도 생각하게 된다. 일을 위한 목적이었지만 가족들과 자연스럽게 함께 할 시간과 이야기가 늘어난다.

2002년, 영국의 심리학자 로스웰Rothwell은 개인적 특성(인생관, 적응력, 유연성), 생존 조건(돈, 인간관계, 건강), 고차원 상태(야망 자존심, 기대, 유머)가 행복지수를 결정한다고 말하면서 생존 조건, 그중에서도 인간관계의 비중이 가장 높다고 발표했다.

당연히 인간관계의 기본은 가족이다. 실제로 대부분의 사람들이 가족을 삶의 중요한 가치로 꼽는다. 그렇지만 가족과 함께 보내는 시간은 무척 적다. 2015년 OECD 국가의 삶의 만족도 조사를 보면 아버지와 아이의 하루 대화 시간이 고작 6분에 불과하다. 적다는 표현조차도 민망한 수치다. 그나마 6분 중 절반은 공부하라는 소리라니 우리네 삶의 만족도가 어떨지는 상상하는 그대로다.

사실 명절 때도 만나는 순간만 반갑지 함께 있으면 침묵의 연속이다. 퇴직 후 제일 견디기 힘든 일로 부부가 24시간 얼굴을 맞대고 있는 것을 꼽기도 한다. 오랜 세월 새벽같이 나가 한밤중에 들어오던 남편이었는데 할 이야기도, 할 일도 없이 한집에 함께 있으려니 서로가 힘들다.

한창 일할 때 아이들이 와서 놀아달라고 하면 부모들은 대개 '일 끝나고 놀아줄게, 바쁘니까 저리 가서 놀아'라고 한다. 그러나 강사는 일을 잘하기 위해서라도 가족과 시간을 보내야 한다. 가족과 함께 할수록 일에 도움이 되는 역설적 상황이 멋지지 않은가!

비디오테이프 50개

나의 주된 강의 주제는 사람이다. 아무리 시스템이 발전하고, 기술이 진화해도 사람의 힘으로 작동하는 한 사람의 모습대로 세상은 변해갈 것이라 믿는다. 때문에 일을 잘하기 위한 귀동냥 차원에서도 가족과 대화가 필요하지만 그보다 내가 하는 일의 정당성을 확보하기 위해서라도 충실하게 살아야 한다. 그것이 불편한 강사도 있겠지만 스스로가 자신을 강제하는 것이기에 이보다 더 좋은 직업은 없다. 사랑하는 가족을 위한 아름다운 구속이다.

부모님 세대는 정말 가족과 함께할 시간이 없었을지도 모른다. 그러니 지금은 시간이 없는 게 아니라 할 이야기가 없는 경우가 많다. 다행스럽게도 나는 가족과 많은 이야기를 공유하며 행복을 누리고 있다. 계기가 된 것은 결혼 10주년을 기념해 세 식구가 해외여행을 다녀오면서부터다.

그땐 아이가 9살이어서 당연히 세 식구가 한방에서 잠을 잤다. 이후 10여 년 계속 여행을 다니면서도 방은 언제나 하나였다. 유럽은 호텔방이 좁아 불편하기도 했지만 별도 침대를 부탁해 꼭 서로 부대끼며 잠을 잤고, 때로는 추가 비용을 지불하고 3인실을 빌리기도 했다. 집에서는 아이와 함께 잘 기회가 없기에 여행을 핑계로 가까워질 수 있는 기회라고 생각했다.

어쨌든 여행은 우리 가족 모두가 함께 기억할 수 있는 이야기를 많이 만들어주었다. 그 후로도 1년에 한 번씩은 꼭 여행을 다녀왔고, 지금까지 다녀온 나라가 23개국, 매번 캠코더로 찍은 60분짜리 비디오테이프가 50여 개나 쌓여 있다. 적지 않은 돈을 여행에 써야 했지만 평생 되뇌면서 가족을 이어줄 이야기 끈이기에 지불할 만한 가치가 있었다.

물론 강사라는 직업이 시간적으로나 금전적으로 직장인보다는 여유가 있었던 탓도 있지만 반대로 교육생들보다 조금 빨리, 조금 넓게 견문을 넓혀야 하는 이유도 실천을 부추기게 되었다. 가족 여행이자 일을 위한 투자였던 셈이다.

여행을 하면 싫든 좋든 가족끼리 대화가 많아질 수밖에 없다. 목적지를 결정하는 두 달 전부터 정보를 교환하며 설레기 시작하고, 서서히 여행 날짜가 다가오면 물품을 준비하며 들뜬 기분을 나눈다. 여행 중에는 낯선 나라의 분위기 덕에 각자의 속내를 슬그머니 털어놓기도 한다. 돌아와서는 사진을 정리하고 비디오테이프를 보면서 다음 여행을 기약할 수 있다.

가족은 감정 공동체다. 손톱 밑 작은 가시 하나에도 사람들은 꼼짝 못하듯 가족 중에 한 명이라도 문제가 생기면 모두가 편하지 않다. 특히 부부 갈등은 아이들에게 실망, 자책, 불안, 후회 같은 부정적 감정을 유발한다. 때문에 막연히 가족에게 충실해야 하는 것이 아니라 일을 잘하고 오랫동안 하려면 가족과 함께하는 시간을 아끼지 말아야 한다. 일과 가정 어느 것도 선택할 필요가 없다. 강사에게 가족은 일을 위한 든든한 밑천이기 때문이다.

화룡점정이 필요하다

남북조시대 양나라의 장승요가 금릉에 있는 안락사 벽에 용 네 마리를 그렸는데 눈동자를 그려 넣지 않았다. 용이 날아가 버릴까 봐 눈동자를 그리지 않았다지만 사람들이 그 말을 믿을 리 없었다. 그러자 용 한 마리에 진짜로 눈동자를 그려 넣었는데 갑자기 천둥 번개가 치면서 하늘로 올라가버렸다고 한다.

물론 전설이겠지만 강의에는 진짜로 화룡점정 같은 것이 있어야 한다. 쉽게 겪을 수 없는 경험담이 있다면 최고의 밑천이다. 그러나 신파처럼 느껴지면 안 되기에 재치 있는 말솜씨나 연기력이 뒷받침된다면 더할 나위가 없다. 그것이 아니라면 최신 트렌드나 희소성 있는 이야기도 괜찮다.

옷은 우아하게, 춤은 저렴하게

100세 시대는 틀림없는 관심사이지만 '준비 없는 100세는 저주'라는 식의 이야기는 이제 식상할 수 있다. 그보다는 100미터를 달리고 났더니 20미터를 더 달려야 하더라, 하는 이야기가 훨씬 공감이 간다. 그만큼 부담스럽다는 의미이니 말이다.

『타임』지의 유럽 총괄 편집장인 캐서린 메이어Catherine Mayer는 '죽을 수밖에 없다'라는 뜻의 단어 mortality에 반대를 뜻하는 접두사 A를 붙여 『어모털리티Amortality』라는 책을 썼다. 어모털족은 나이를 잊고 똑같이 일하고 소비하며 살아가는 이들로, 우리나라에서는 No와 老를 합성하여 '노노족'이라고 불리고 있다. 이런 트렌드를 활용하면 강의 내용이 훨씬 세련되게 느껴질 수 있다.

'강남스타일' 노래 한 곡으로 미국 시장 진출에 성공한 가수 싸이도 말 한마디로 주목을 받은 적이 있다. 미국의 NBC Ellen Show에서 'Dress Classy Dance Cheesy(옷은 우아하게 춤은 저렴하게)'라는 말을 했는데 이것이 삽시간에 패러디 열풍을 몰고왔다.

함께 출연했던 브리트니 스피어스의 옷차림이 말춤을 추기에 부적절하자 사회자가 "구두를 벗을까?" 물었는데 이때 싸이의 답변이 미국인들의 귀에 꽂힌 것이다. Dress와 Dance, Classy와 Cheesy의 발음이 비슷할 뿐 아니라 시작은 D와 C, 끝은 Y, 마치 랩에서 타임rhyme 또는 리듬 rhythm이 좋다는 느낌이어서 미국인에게 '제법인데' 싶은 인상을 주었다고 한다.

이처럼 청중에게 인상적인 말을 하려면 대구법과 대조법에 능해야 한다. 대구법은 비슷한 어구를 짝지어 말하는 수사법으로 '호랑이는 죽어서 가죽을 남기고 사람은 죽어서 이름을 남긴다'가 그 예다. 대조법은 대구법처럼 두 어구를 짝지어 말하되 의미가 상반되도록 하여 내용을 더 두드러지게 드러내어 보이는 표현법이다. '인생은 길고 예술은 짧다' 처럼 길고 짧다가 반대의미를 가지고 있어서 더욱 강렬한 인상을 준다.

No pain, No gain. (고통 없이는 얻는 것도 없다.)
Haste makes waste. (서두르면 일을 그르친다.)

아파트 단지에서 많이 볼 수 있는 공익 광고로 '원수는 이웃이 될 수 없지만 이웃은 원수가 될 수 없다'나 '진실한 말에는 꾸밈이 없지만 꾸미는 말에는 진실이 없다'도 대구법이자 대조법이다. 실행하자고 무조건 독려하기보다 '실패가 두려워 실행하지 않는 사람보다 실행해서 실패하는 사람이 더 성장한다'라는 말이 좀 더 설득력이 있다면 그것이 바로 표현에 신경 써야 할 이유다.

요약과 전환

음성도 강의의 일부인 만큼 목소리 자체를 변조할 수는 없더라도 말하는 속도를 조금 빨리 하거나 천천히 하는 것만으로도 느낌이 달라질 수 있다. 특히 강의를 책 읽듯이 하면 '발 연기'와 다를 바 없으니 자연스러운 말투를 위해서라도 청중의 눈을 보고 말하는 것이 효과적이다.

그리고 평소보다 조금 큰 소리로 말하기 위해서는 시작할 때 가장 멀리 있는 청중을 보고 시작하는 것이 좋다. 좀 더 강조하기 위해서는 반복 화법('최고 중의 최고' '절대로 결코 어떤 일이 있어도'처럼 같은 말이나 의미를 반복하기)이나 중지 화법(강조할 내용 앞에서 잠시 멈추기)도 유효하다.

2011년 애리조나 총기난사사건 추모집회에서 오바마 대통령은 무려 51초간이나 침묵했다. 당시 9살이었던 최연소 희생자 크리스티나를 거론하며 북받치는 감정으로 말을 잇지 못한 것이다. 아이러니하게도 그 순간이 오바마 재임 중 최고의 연설이었고 전 국민과 소통한 순간이라고 언론은 호평을 했다. 물론 강의 중 51초 침묵은 중지 화법이라기보다 사고에 가깝지만 어쨌든 청중이 생각하고 느낄 수 있는 시간을 주는 것도 내용을 더 돋보이게 할 수 있다.

또 하나 양념 역할을 하는 것이 유머다. 라면 수프의 마법처럼 유머는 강의를 톡톡 튀게 해줄 수 있지만 과하면 역시 부담스럽다. 웃음이 웃음으로 끝나야지 누군가를 불편하게 하거나 기분을 상하게 해서는 안 된다. 특히 여성을 대상으로 한 유머라거나 강사보다 나이 많은 청중이 있다면 더욱 조심해야 한다. 그래서 유머는 꼭 해야 하는 것인지 신중하게 생각하고, 한 번 더 신중하게 생각할 필요가 있다.

마지막으로 조리 있게 말하고 이해하기 쉽게 말한다는 느낌을 주는 것도 강렬한 인상을 남길 수 있다. 이를 위해서는 중간 요약과 중간 전환을 잘해야 한다. 같은 1분 동안 생각하는 것과 말로 표현하는 것 사이에는 다섯 배 정도의 용량 차이가 있다. 즉 말로 90개 단어를 표현할 수 있다면 머리로는 450개의 단어를 생각할 수 있는 것이다.

먼저 강사의 입장에서 생각해보자. 강의 내용을 적지 않고 그냥 말로 표현하다 보면 10분이면 말할 것도 족히 30분이 걸린다. 그리고 말하는 사이에 또 다른 생각이 추가되면서 곁길로 빠지거나 장황해진다.

정돈 안 된 서랍 속에서 펜을 찾으려면 한참을 두적거려야 하듯이 입은 말하고 있지만 머릿속으로는 다음 말을 찾게 되고 그러면 시선은 청중을 보지 못하고 천장이나 바닥을 보게 된다. 그리고 제때 할 말이 떠오르지 않으면 '어, 그, 저, 음'과 같은 불필요한 사족을 자주 붙이게 되니, 어떤 순서로 강의를 진행할지 완벽하게 정해놓도록 하자.

반대로 청중의 입장에서는 듣는 것만으로 강사가 전하고자 하는 내용을 제대로 이해하기가 쉽지 않다. 표현하는 용량보다 더 많은 정보를 생각할 수 있기에 종종 딴생각을 하기도 하고 뭔가 이해되지 않은 상태에서 계속 정보가 입력되면 혼란스러워진다. 그래서 강사는 내용을 잘 분류할 뿐만 아니라 내용과 내용이 바뀔 때마다 요약과 전환을 해줘야 한다.

낡은 3단 서랍장에서 서류를 꺼내는 사람과 새로운 3단 서랍장에 서류를 넣는 사람으로 비유해보자. 꺼내는 사람보다 넣는 사람이 상대적으로 힘들다. 따라서 꺼내는 사람은 1번 서랍에서 모든 서류를 꺼냈다면 중간 요약을 해주면 좋다. '지금까지가 첫 번째 서랍이었다'고 말이다. 그러고 나서 자연스럽게 '이제부터 두 번째 서랍을 꺼낸다'고 하면 그것이 중간 전환이다. 다시 말해 요약은 '지금까지 말한 것은, 여기까지 정리해보면,'이라고 기존에 말한 내용을 정리하는 것이라면 전환은 '이어서, 다음으로, 분위기를 바꿔서'와 같이 앞으로 나올 내용을 안내하며 청중의 주의를 환기하는 것이다.

이야기를 만드는 여섯 가지 방법

대단한 이야기만이 사람들에게 감동을 주고 화제를 불러일으킨다고 생각하지는 말자. 오히려 텔레비전에 소개되는 일반인들 이야기를 듣다 보면 주변에서 흔히 볼 수 있는 상황이고, 이웃들의 그렇고 그런 일상이 대부분이다. 그래서 '별것도 아닌 이야기를 갖고 텔레비전까지 나와서 떠든다'고 타박하는 사람도 있다.

하지만 누군가는 개인의 경험으로 그치고 말았던 일을, 또 누군가는 이야기로 만들어 그 시절을 모르고 살았을 사람들에게 가슴 뭉클하고 눈이 번쩍 뜨이게 자극을 준다면 이것은 대단한 능력이 아닐 수 없다. 때문에 강사는 자신의 경험은 물론이고 세상 사람들의 삶을 이야기로 전할 수 있어야 한다.

의외성, 명료성, 대비성

그렇다고 일상 속 이야기가 모두 강의 소재가 되는 것은 아니다. '옛날에 두 사람이 너무 사랑해서 아들, 딸 낳고 오래오래 잘 살았다'는 식의 이야기를 귀 기울여 들을 이유는 없다. 이야기 선정의 첫 번째 기준은 의외성, 즉 상식과는 다른 반전이 있어야 한다.

2016년 우리나라 프로야구 구단 중에서 최고 연봉 팀은 한화 이글스(102억)이고 최저 연봉 팀은 넥센 히어로즈(39억)이다. 넥센이 하위권을 맴돈다면 프로는 돈으로 말하는 것인 만큼 별로 이야기할 것이 없다. 그러나 그렇지 않으니까 강의 소재가 될 수 있다.

영국 프리미어리그에서도 2015~2016년 시즌에 비슷한 일이 있었다. 이름도 들어보지 못한 레스터시티Leicester City Football Club이 1884년 창단 이래 132년 만에 첫 우승을 이뤄낸 것이다. 도박사들이 점친 우승 확률은 0.02퍼센트였고 당초 목표도 1부 리그 잔류였으니 누구도 예상 못한 일이었다.

실제로 리그 중반까지 1위를 달리는데도 '내려갈 팀은 내려간다Down Team is Down'라며 믿지 않는 분위기였다. 더욱 드라마틱했던 것은 우승 배당이다. 1만 원을 투자하면 5000배인 5000만 원을 받았다고 하니 가히 대박 중의 대박이었다.

두 번째는 이야기를 통해 전하고자 하는 메시지의 명료성이다. 구글이나 페이스북과 같은 글로벌 기업들의 조직 문화가 창의력 발휘의 원인이라고 하면, 이는 인과관계가 분명하지 않을 뿐 아니라 모호한 느낌이다.

2015년, 호주에서 빅 히트를 친 가게가 있다. 이 가게는 건물 7층에 위치하고 있다. 어떤 것을 파는 곳일지 상상이 되는가? 전망이 좋을 테니

커피숍, 와인바, 레스토랑 등을 떠올렸겠지만 의외로 샌드위치를 파는 가게였다. 주로 건물 1층에 자리 잡고 있는 패스트푸드점이 7층에서 대박을 쳤다면 분명 비밀이 있을 것이다.

가게 이름에 답이 있다. 호주 토스트 샌드위치를 일컫는 재플(jaffle)과 슈츠(낙하하다 parachute의 chute)를 합친 '재플 슈츠$^{jaffle\ chute}$'다. 인터넷으로 주문한 후 약속 시간에 1층 특정 장소에서 대기하면 하늘에서 샌드위치가 떨어지는 방식이다. 이런 기발함이 창의력을 설명하는 데 훨씬 적합할 것이다.

세 번째는 대비성이다. 대박 나는 가게와 실패하는 가게의 특징을 대비시켜 보여주면 보색 효과처럼 사람들에게 강렬한 인상을 줄 수 있다. 한 예로 스페인 축구를 대표하는 두 팀, 레알 마드리드와 바르셀로나 FC는 전혀 다른 팀 운영 방식을 가지고 있다.

마드리드는 초호화 스타플레이어를 영입하여 팀을 구성하는데, 이를 '갈락티코^{galactico}(은하수) 정책'이라고 부른다. 2011년에는 골키퍼를 제외한 전원을 외부영입 선수로 채울 정도였는데, 아무래도 조직력에 문제가 생겨 2009~2010년 단 한 차례도 우승을 하지 못했다.

반면 바르셀로나 FC는 유소년 양성시스템을 적극 활용하는 '칸테라^{cantera}(채석장) 정책'을 채택하고 있다. 채석장이라는 말처럼 '원석을 발굴해 보석으로 가공한다'는 의미로 2011년 기준 베스트11의 절반 이상이 칸테라 출신이다.

어린 시절부터 팀의 전술, 철학 등을 공유하여 조직력을 극대화함으로써 2009년 스페인 최초로 트레블(국내컵 대회, 리그, 챔피언스리그 우승)을 달성하였다. 메시도 칸테라 출신인데 2015년에 또다시 트레블을 달성하며 최고의 전성기를 구가하고 있다.

구체성, 진실성, 감성

네 번째는 구체성이다. 부모님들이 자녀를 혼낼 때 '엄마 친구 딸은…, 아빠 친구 아들은…'이라고 아무리 이야기해봤자 잔소리라고 치부되는 것은 엄친아, 엄친딸의 존재가 모호하기 때문이다. 어떤 사례를 이야기하면서 '언제인지 정확하지는 않지만' '출처가 분명하지는 않지만'라고 두루뭉술하게 말하기보다 '1990년 11월 17일 오후 1시' '2012년 5월 둘째 주 『타임』지 표지'라고 한다면 사실감이 더해져 몰입이 잘된다.

다섯 번째는 진실성이다. 프랑스 국기는 삼색기인데 삼색의 면적이 같지 않다. 파란색(자유) 흰색(평등) 빨간색(박애)이 상징하는 각각의 가치에 대해 프랑스인들이 생각하는 우선순위가 다르기 때문이다. 그래서 박애, 평등, 자유의 순으로 37 : 33 : 30의 비율로 구성되어 있다.

정말 그럴듯하다. 하지만 이것은 진실이 아니다. 1946년까지는 그랬지만 지금은 똑같으며 면적이 달랐던 이유도 명도 차이를 보정하기 위함이지 가치의 우선순위 때문은 아니었다. 강사의 이야기는 사실 검증이 필요하다. 귀로 들은 이야기를 입으로 바로 옮겨서는 안 된다. 더구나 스마트폰으로 정보검색을 하는 청중도 있기 때문에 주의가 필요하다.

2006년 2월 14일, 지하철 1호선 안에서 눈물의 결혼식이 열렸다. 이 소식은 9시 뉴스에까지 소개되면서 요즘 시대에 보기 드문 순애보라며 감동을 주었지만 나중에 연극을 전공하는 학생들의 퍼포먼스로 밝혀졌다. 그런데 순수한 사랑을 강조하며 이 이야기를 인용했다면 오히려 냉소적 반응만 부추길지도 모른다.

불확실한 표현에도 주의가 필요하다. 지피지기 백전불태知彼知己 百戰不殆는 손자병법 모공편에 나오는 말로 자신과 상대방의 상황에 대하여 잘 알고 있으면 백번 싸워도 위태로울 것이 없다는 뜻이다. 하지만 백전불태를 백전백승으로 잘못 알고 사용하는 경우도 다반사다.

마지막은 감성을 자극해야 한다. 강의 목적이 행동변화인 만큼 논리적으로 이해하기보다 가슴 찡한 이야기가 더 강력한 힘을 발휘한다. 2015년 시리아 난민 문제에 배타적이었던 유럽이 정치적 입장을 바꿀 수밖에 없었던 것도 지중해로 떠밀려온 세 살배기 쿠르디의 주검 사진 때문이었다.

역시 2015년 프랑스 북부 노르망디의 작은 도시 오말에서 있었던 일이다. 조녀선의 4살 딸 나엘이 암 판정을 받았다. 곧바로 수술을 했지만 계속되는 항암 치료에 부모는 일과 간병을 병행하기가 어려웠다. 우선 아빠는 치료를 받는 어린 딸에 집중하기로 했다.

하지만 휴가는 얼마 안 가 바닥을 드러냈고 유리 공장에 다녔던 아빠는 사장에게 고충을 털어놓았다. 사장은 '중병에 걸린 자녀가 있는 부모에 대한 휴가 기부' 법안이 새로 만들어졌으니 이용해보자고 제안했다. 법안의 내용은 아픈 자녀가 있는 동료에게 자신의 휴가를 쓰게 한다는 것이다. 동료들은 기꺼이 휴가를 기부했고 조녀선은 딸의 회복을 곁에서 지켜볼 수 있게 되었다.

이렇게 가슴 훈훈한 이야기는 청중을 감동시키고 희망을 갖게 도와준다. 그래서 강사 중에는 자전적 이야기를 소재로 하는 경우가 많다. 병을 이겨내고, 가난을 이겨내고, 실패를 딛고 일어선 자신의 이야기는 그야말로 구체성, 진실성, 감성은 물론 그런 경험이 없는 청중과 대비되어 분명한 메시지를 전달할 수 있기 때문이다.

하지만 어려운 일을 겪지 못했다고 고난을 자초할 수도 없는 일이고, 이런 경험이 강사가 되기 위한 필수 조건도 아니다. 다만 내 삶에만 집중할 것이 아니라 사람들의 삶에 관심을 가지고 한 걸음 다가서는 노력은 필요하다. 책 속에만 길이 있지 않고, 사람들 사이에도 수많은 길이 보이기 때문이다.

표현에 필요한 여섯 가지 방법

서양화는 동양화에 비해 화려한 느낌이 짙다. 다양한 색을 쓰다 보니 실재한다고 착각할 만큼 사실적이거나 원근법이나 명암법을 통해 입체적 묘사를 추구하는 작품들이 많다. 반면 동양화는 주요 재료인 먹물의 농도로 명암을 표현하고 여백의 미라고 하여 종이를 다 채우지 않는, 절제미를 중시하는 작품들이 많다.

물론 어느 쪽이 더 멋지다고 판단할 수 없다. 사람마다의 취향일 뿐이다. 다만 이야기하고 싶은 것은 색을 칠해야만 그림이 되지는 않는다는 사실이다. 마찬가지로 이야기를 푸짐하게 풀어내야만 꼭 좋은 강의가 되는 것은 아니다.

웃음에 부담 갖지 말고

고대 그리스의 최고 웅변가는 데모스테네스Demosthenes였다. 그가 연설을 마치면 모두 밖으로 뛰쳐나갔다고 한다. 왜냐하면 그의 이야기를 들은 청중들은 지금 당장 행동하지 않으면 안 될 것 같은 마음이 들었기 때문이다. 그런 그조차도 '침묵은 금이요, 웅변은 은이다'라 했고 간디도 '침묵이 최대의 웅변이다'라고 했으니 말하기는 무척 조심스러운 일임에 분명하다. 하지만 강사의 직업 특성상 말을 하지 않을 수는 없다. 그렇다면 어떻게 말을 하는 것이 좋은 강의인지 고민해보자.

첫 번째, 사족은 생략한다. 이미 청중이 알고 있거나 예상 가능한 이야기는 청중에게 필요한 말이 아니라 그저 시간을 채우기 위한 이야기일 뿐이다. 혹시라도 덜 중요한 이야기를 하다가 정작 시간이 부족해 꼭 해야 할 이야기를 못하고 강의를 끝낸다면 정말 어처구니없는 일이다.

'이런 말까지 할 필요가 있을지 모르겠지만'이라고 서두를 꺼냈다면 그것은 말할 필요가 없는 내용이다. 장황한 말로 청중을 지루해 죽게 만들 것인지 촌철살인으로 청중을 깨어 있게 만들 것인지는 강사의 선택이다. '간결함이 재치의 정수Brevity is the soul of wit'라고 했던 셰익스피어의 말을 꼭 기억하자.

두 번째, 가르친다는 느낌을 주지 말자. 꼰대처럼 보이는 강사는 곤란하다. 꼰대란 자신의 생각이나 감정을 지나치게 일반화해서 남에게 강요하는 기성세대를 뜻하는 은어다. 사소한 것까지 흑백논리로 몰아가고 독선적이라고 할 만큼 자기 의견에 집착해서 사람들을 불편하게 한다.

사람들은 호감 가지 않는 사람의 말에 영향을 받지는 않는다. 그래서 강의 중에 종교, 지역, 정치와 관련된 이야기는 되도록 피하라고 한다. 자칫 청중의 반감을 불러와 심리적 장벽을 만들거나 본의 아니게 충돌을 일으킬 수도 있어서다.

강사에게는 선생님의 역할이 있기 때문에 확신에 찬 모습도 필요하다. 그러나 객관적 사실이 아니라면 '이것은 제 생각입니다만'이라고 밝혀 불필요한 논쟁을 피해야 한다. 어쨌든 청중은 다양하며 또한 세세하게 말하지도 않아도 이해할 수 있다고 믿자.

세 번째, 웃음에 부담 갖지 말자. 웃음이 시대적 코드인 것은 분명하다. 재미없는 사람보다 재미있는 사람 당연히 더 매력적이다. 심지어 최고의 강의는 '웃기는 것'이라고 확신하는 강사도 있다. 하지만 강의는 목적이 분명하고 시간 내에 얻고자 하는 목표가 명료하기 때문에 웃음이 그것을 뛰어넘을 수는 없다.

때로 웃음에 부담을 느껴 유머나 동영상을 과도하게 남발하기도 한다. 물론 강의 주제에 부합하면 좋겠지만 저미만 있고 관련성이 부족하다면 청중의 의문은 계속될 것이다. '저걸 왜 말한 거지, 무슨 의미로 보여준 거야, 도대체 어쩌라고.'

놀이와 학습을 구분할 수 있는 기준은 간단하다. 놀이는 재미만 있으면 되지만 학습은 현실 속 상황과 연결하여 공감할 수 있는 메시지를 줄 수 있어야 한다. 래프팅, 서바이벌게임, 사륜구동차, 도미노, 연극, 연주, 뮤지컬, 난타, 도자기처럼 엔터테인먼트와 교육을 결합한 에듀테인먼트가 유행하기도 했다. 그러나 기업들 사정이 좋지 않게 되면 이런 분야가 먼저 쉽게 쇠퇴한다. 학습으로 포장을 했어도 결국 놀이라는 인식이 강하기 때문이다.

따라서 웃음이나 재미는 부수적 요소다. 필요하다면 교수법으로 얼마든지 극복할 수 있다. 그러나 내용이 부실하면 방법이 없다 과장되고 비상식적 상황을 일삼는 '막장 드라마'가 시청률이 높다고 해서 좋은 드라마라고 할 수 없는 이치와 같다.

독립적이면서 유기적으로

네 번째, 세련되게 표현하자. 같은 의미라고 해도 '우리를 둘러싼 문제들'보다는 '우리를 겹겹이 둘러싸고 있는 문제들'이라는 표현이 훨씬 문학적이다. 수산시장에서 모두가 싱싱한 생선이 있다고 할 때 죽은 척한 생선이 있다고 한다면 뒤를 돌아보지 않을까. '수확의 계절 가을'이란 진부한 표현 대신 '뒤를 돌아보는 계절'이란 말이 강의 내용에 대한 기대와 신선도를 높여줄 것이다.

다섯 번째, 흐름이 있어야 한다. 1, 2, 3, 4라는 내용을 순서대로 말할 수도 있지만 4, 3, 2, 1 거꾸로 말하거나 1, 3 다음에 2, 4 같이 홀수부터 말하고 짝수를 말할 수도 있다. 이처럼 강의 흐름이 뭔지 뼈대를 제시해야 한다.

이를 위해서는 각각이 독립적이면서 전체적으로는 하나인 관계로 연결되어야 한다. 과거-현재-미래와 같이 시간을 기준으로 할 수도 있고, 개인-팀-기업처럼 점층적으로 논의를 확장해가거나 반대로 점강법을 활용할 수도 있다. 또한 현상-원인-결과, 무엇을-왜-어떻게처럼 분석적이거나 긍정-부정-통합의 변증법적 접근도 고려할 수 있다.

사람의 몸을 머리, 몸통, 팔다리로 나눠서 생각하고 기업의 문제를 사람, 제도, 시설로 구분하는 것처럼 유기적 관계를 만드는 것이 좋겠지만 그것이 쉽지 않다면 '조직 활성화를 위한 세 가지 방법'이나 '승승을 위한 협상의 지혜 ABC'도 내용 이해에 도움을 줄 수 있다.

청중의 입장에서 다음 두 가지를 비교하면 흐름을 제시하는 것이 왜 중요한지 이해될 것이다. '근격계 질환의 예방과 대책'에 대한 2시간 특강이다. 단순히 목차를 보여주는 A 방식과 이야기 흐름을 제시하는 B 방식 중 어느 쪽이 훨씬 짜임새가 있는지 판단해보자.

A

근골격계 질환이란 무엇인가?

근골격계 질환의 특징

주요 발생 부위

근골격계 질환의 발생 요인

신체 부위별 주요질환과 원인

– 목, 어깨 부위

– 팔 부위

– 손목/손 부위

– 허리 부위

– 다리 부위

대표적 징후와 증상

질환의 발전 단계

근골격계 질환에 관한 대책

증상 발생 시의 조치

효과적 예방을 위한 조건

예방을 위한 기초 수칙

B

1. 근골격계 질환이란 무엇인가?

　– 정의, 발생부위, 원인

2. 질환의 발전 단계를 알아보자.

　– 징후, 증상, 질환

3. 예방할 수는 없을까?

　– 예방 조건, 기초 수칙, 실천

마지막으로 여섯 번째, 내용끼리 상호 독립적이어야 한다. 전체 내용을 몇 개 부분으로 나눠서 진행한다면 주요 내용을 반복해서 강조할 수 있겠지만 중복하거나 상충되지 않아야 한다. 예를 들어 신입사원의 자세를 언급하면서 적극적, 긍정적, 주도적, 능동적 태도를 강조하면 개념들의 경계가 모호해진다. 불확실성 시대에는 생각하고 행동하는 것이 필요하다고 하면서도 실패를 두려워해 생각만 해서는 안 된다며 실행력을 강조하면 혼란을 느낄 수밖에 없다.

6장

명품 강의를 만드는
일곱 가지 기술

머리만이 아니라

마음과 몸으로

듣게 하라

강의는 ad lib가 아니다

모임에서 누군가가 참석자들에게 말한다. "우측부터 돌아가면서 한마디씩 하시죠!" 그럼 머릿속으로 어떤 말을 할까 썼다 지우기를 반복하다 횡설수설 끝낸 경우가 있을 것이다. 하지만 모두가 그렇지는 않다. 마치 준비라도 하고 온 것처럼 그 짧은 순간을 재치 있게 활용하는 사람도 있다.

말을 잘하려면 두 가지 방법이 있다. 하나는 애드리브ad lib가 뛰어난 것이고, 또 하나는 철저히 준비하는 것이다. 애드리브는 라틴어 'ad libitum'의 준말로, 배우가 대본에 없는 대사를 즉흥적으로 만들어 말하거나 연기하는 것을 말한다. 만약 갑작스러운 요청에도 당황하지 않고 말할 수 있다면 이는 애드리브 능력이 탁월한 것이고 학습의 결과라기보다 선천적으로 타고났다고 볼 수 있다.

계획대로 되는 일은 없다

강의는 애드리브가 아니다. 애드리브는 섬광처럼 번뜩이는 말솜씨이기 때문에 짧은 시간은 괜찮지만 긴 시간을 지속하기는 불가능하다. 또한 강의는 '킬링 타임'이 아니라 분명한 목적을 가지고 진행되기 때문에 목적에 충실해야지 아무리 재미있어도 곁길로 빠지거나 무의미한 말로 시간을 때운다는 느낌을 주면 안 된다.

학창 시절, 방학을 하면 제일 먼저 한 일 중 하나가 생활계획표를 작성하는 것이었다. 하얀 도화지 위에 동그랗게 원을 그리고 피자 조각처럼 나눈 칸에 야심차게 꿈나라, 식사, 공부, 휴식 등을 채우지만 대개 삼사 일이면 막을 내린다. 그러면 부모님은 그럴 줄 알았다는 듯이 "그렇게 의지가 약해서 뭐할 거냐, 성실하지 못해 큰일"이라며 한 소리 하시곤 했다.

하지만 우리의 문제는 불성실이나 의지박약이 아니다. 의욕이 지나치게 앞서 생각 없이 계획을 세운 것이 화근이다. 하루 이틀이라면 모르지만 방학 내내 실천하기에는 무리한 계획이었다. 결국 실패할 수밖에 없는 계획을 세워놓고 계획대로 열심히 했기 때문에 실패로 끝난 것이다. 제대로 계획을 세우지 않고 마음으로만 다짐해 봐야 '난 안 돼'라는 상처로 끝날 뿐이다.

강의도 마찬가지다. 만약 1시간 강의가 좋아서 다음에 2시간으로 늘려달라고 요청받았으면 2시간에 맞게 다시 계획을 세워야 한다. 그렇지 않으면 1시간은 알찼는데 2시간은 늘어지는 느낌을 줄 수 있다. 반대로 2시간을 1시간으로 줄여달라고 하는데 기존 강의안에서 사례 한두 개를 빼면 될 거라고 가볍게 생각한다면 강의가 엉성하다는 피드백을 받을 수도 있다.

심리학자 로저 뷸러Roger Buehler와 그의 동료들은 학위논문을 앞둔 대학생들에게 언제 논문을 마칠 수 있는지 최선과 최악의 경우를 예측해보라고 했다. 최선은 평균 24.7일, 최악의 경우라고 하더라도 48.6일이면 끝날 것이라고 했는데 실제는 평균 55.5일이나 걸렸다.

이러한 계획 오류의 대표적인 사례가 시드니 오페라 하우스다. 처음에는 1957년에 착공해서 1963년에 완공할 계획이었고 공사비도 700만 호주 달러였다. 그러나 1973년에 1200만 호주 달러를 투자하고 나서야 겨우 완공할 수 있었다.

계획 오류가 발생하는 이유는 보통 세 가지다. 첫째는 자기 능력에 대한 과대평가 때문이다. 겉으로는 겸손하게 말해도 근거 없는 자신감이 넘치는 사람이 많다. 과도한 긍정은 문제가 발생해도 그 원인을 자기 밖에서 찾는 경향이 있다. 둘째는 비현실적일 만큼 최적의 상황을 예상하기 때문이다. 지난번에도 했던 거니까, 하고 안일하게 생각하면서 동일한 강의를 여러 번 하게 되면 두 번째 강의를 실패하게 된다. 마지막은 대충 생각하기 때문이다. 결국 준비 부족의 원인은 게으름보다 자신에 대한 착각이 가장 크다.

자기 자신부터 감동받자

강사라면 당연히 청중을 감동시키고 싶어한다. 그러나 먼저 감동시켜야 할 대상은 자기 자신이다. 스스로를 감동시키려면 철저하게 준비를 해야 한다. 철저하다는 것이 그냥 마음으로만 될 일이 아니기에 이때 필요한 것이 교수 설계Instructional Design이고, 청중의 관점으로 말하면 학습 설계Learning Design가 된다.

교수 설계(학습 설계)란 최적의 조건으로 교육 상황을 구성함으로써 교육 효과를 증진시키기 위한 것이다. 교육 과정을 이해하고 개선하기 위한 목적을 가지고 있다. 청중의 요구와 교수 목표를 분석하고, 그러한 요구와 교수 목표를 효과적, 효율적으로 성취시킬 수 있도록 교육 관련 변인 및 요소들을 체계적으로 조직하고 운영하여 적절한 교수 방법을 처방해주기 위한 교수 계획 수립과정이다.

이론만으로는 어렵게 느껴질 수 있다. 이를 단순화하면 결국 네 가지로 구분할 수 있다. 교육 대상Whom이 누구인가, 어떤 목적과 목표Why를 가지고 있는가, 내용은 무엇What인가, 강의를 어떻게How 진행할 것인가에 관한 고민이다.

아직도 강사를 말 잘하는 사람의 직업으로 오해하는 사람이 많다. 물론 청중을 웃기고 재미나게 해주는 것은 중요하다. 하지만 그것은 본질이 아니다. 애드리브가 뛰어나도 강연 준비가 부족한 강사보다 애드리브가 부족해도 준비가 철저한 강사가 결국 강사로서 성공할 수 있다.

애드리브는 MSG처럼 음식 맛을 더할 뿐 그 자체로는 아무것도 아니다. 오히려 애드리브를 과신하다 뒤죽박죽 엉망이 될 수도 있다. 음악에도 애드리브와 같은 즉흥 연주가 있는데 이를 '카덴짜Cadenza'라고 부른다. 클래식에서는 즉흥 연주를 하면 건방지다거나 무식하다고 치부되어 악보에 충실하지만 아주 예외적으로 협주곡 각 악장 끝부분에서 관현악은 멈추고 독주악기 혼자서 기교를 과시하도록 허용해주는 것을 의미한다. 당연히 아무나 할 수 있는 것이 아니고 다른 부분을 완벽히 소화한 사람만이 카덴짜를 즐길 수 있다.

이처럼 강의 데시지가 있고 제대로 전달될 때 애드리브도 빛난다. 때문에 청중의 특성을 알고 목적과 목표에 부합하는 메시지를 구성하는 능력이 무엇보다 먼저다. 그래서 강사는 생각하는 직업이라고 할 수 있다. 아무리 유능한 목수라고 하더라도 측량도 하지 않고 설계도도 없이 눈대중으로 집을 짓는 경우는 없다

애드리브 능력이 있다는 것은 축복이다. 오디션 프로그램을 봐도 알 수 있다 배운 대로만 노래를 잘하는 출연자가 있는가 하면 감각적으로 노래를 불러 청중을 매료시키는 출연자도 있다. 애드리브도 학습의 결과라기보다 천부적 자질에 가깝다.

만약 자신이 애드리브 능력이 있는지 없는지 알고 싶다면 재미난 이야기를 다른 사람에게 전달해보면 된다. 들을 때는 너무나 재미있었는데 내가 하면 하나도 재미없다면 애드리브가 약하다는 증명이다. 애드리브 능력이 부족하다면 억지로 웃기려고 하는 것이 오히려 독이 될 수 있다. 강의가 익숙해질 때까지는 강의의 멋을 내기보다 기본에 충실하도록 준비를 철저히 하는 것이 좋다.

 교수설계 포인트 ━━━━━━━━━━━

- 청중은 누구인가?
- 강의를 듣는 이유(목적)와 그 결과(목표)는 무엇인가?
- 무슨 내용을 다룰 것인가?
- 어떤 방법으로 강의를 전개할까?

청중부터 파악하자

열심히 강의를 하고 있는데 청중이 시계만 보거나 옆 사람과 잡담을 한다면, 심지어 졸기까지 한다면 여간 곤혹스러운 일이 아닐 수 없다. 전적으로 강사의 책임이라고 할 수 없겠지만 그렇다고 강사가 무신경할 수도 없다.

그래서인가 '어렵다, 재미없다, 이론적이다'처럼 부정적 반응에도 별 신경 쓰지 않던 교수들도 요즘은 학생들의 눈높이에 맞추려고 노력한다. 물론 학생들의 교수 평가나 수강신청 규모가 교수에게 영향을 미치면서 마지못해 시작된 일이지만 한 사람의 변화가 많은 사람에게 긍정적 영향을 미칠 수 있는 것은 분명하다.

편견으로 가득 찬 수업

명절 때면 아버지를 타박하던 어머니 목소리가 생생하다.

"당신이 조금만 움직이면 여럿이 편할 텐데 그렇게 꼼짝 않고 있으니까 여러 사람이 고생하잖아요!"

거실 한복판을 아버지가 떡 버티고 계시니 베란다에서 물건을 꺼내 오려면 이리저리 몸을 비틀어야 주방까지 올 수 있었기 때문이다.

이와 마찬가지로, 강사 한 명이 조금만 노력하면 청중들은 더 좋은 강의를 들을 수 있다. 미국 아이비리그에는 3대 명강의가 있다. 하버드대 마이클 샌델Michael Sandel 교수의 '정의란 무엇인가?'와 탈벤 샤하르Talben Shahar 교수의 '행복이란 무엇인가?' 그리고 예일대 셸리 케이건Shelly Kagan 교수의 '죽음이란 무엇인가?'가 그것이다.

셸리 케이건 교수의 개강 때 모습은 특히 인상적이다. 바로 이전 수강생들의 강의 평가지를 가져와 읽어준다. 유튜브 동영상을 보면, 그가 자그마한 체구로 교탁 위에 앉아서 '이 강의는 지금까지 최고였다'며 수줍게 자기 자랑을 할 때면 인간적이기도 하다. 그러나 압권은 '최악이었다. 교수의 편견으로 가득 찬 수업이었다'며 공개하기 거북스러운 평을 말할 때 도습이다.

몇 명이 수강하느냐는 교수에게 무척 중요하다. 그러나 더 중요한 것은 학생들이 유명세가 아니라 정말 자신에게 필요한 과목인지 한 번 더 생각해보게 하는 것이다. 그래야 학습에 훨씬 자발적이며 적극적일 수 있기 때문이다. 1995년 개강된 이래 지금까지 최고의 강의라는 명성이 그저 강의 내용든 좋아서 될 일은 아니다.

물론 기업 현장에서 자신의 강의 평가를 자기 입으로 말하는 것이 어색할 수 있고, 자칫하면 자화자찬으로 여겨져 재수 없는 강사로 찍힐 수 있다. 반대로 청중들도 강의를 들을 것인지 아닌지 스스로 선택할 수가 없다. 때문에 청중에 대한 강사의 고민이 없다면 대부분 청중들은 수동적이고 타율적일 수밖에 없다.

강사가 청중을 세심하게 이해하고 행동하는 것은 선택이 아닌 필수다. 하지만 청중이 누구인지 묻지도 않고 담당자가 말을 해줘도 건성으로 듣고 마는 강사가 여전히 있다. 아이들에게 좋은 부모가 되라고 하지만 청중 대부분이 미혼이라면, 군대 사례를 들어 말하지만 여성 청중이 절대적으로 많다면, 좋은 리더가 되라고 하지만 부하가 없는 직책상 리더라면 헛다리를 짚는 꼴이다.

세상에 만병통치약은 없다. 청중에 대한 고민 없이 강사가 말하기 편한 대로 같은 톤, 같은 내용만을 전달한다면 녹음기를 들려주는 것과 다를 바 없다. 일방적 전달이자 독백이다. 따라서 청중이 누구인지 확인해야 한다. 주로 어떤 일을 하고 있고, 이전에 유사한 교육을 받은 적은 없는지, 최근 회사 분위기는 어떤지를 알면 좀 더 청중 친화적인 강의를 할 수 있다.

참 쉽죠?

'가슴 트레핑 한 다음에 플립플랩으로 접고~ 마르세유턴 한 다음에 라보나킥으로~ 촤악~' 모 증권사의 텔레비전 광고다. 마지막에 차범근 씨가 '참 쉽죠?'라며 능청스럽게 말하지만 선수들은 도무지 뭐가 뭔지 모르겠다는 표정이다.

이처럼 청중을 무시하고 강의를 하는 것은 첫 단추부터 잘못된 셈이다. 기본적으로는 남자인가, 여자인가부터 연령, 인원수, 경력, 직위나 직책, 학력 같은 양적인 정보를 확인한다. 그리고 강의 배경, 청중의 성향

(학습 혹은 조직에 대해 호의적인가 적대적인가), 성과자인지 부진자인지, 정년을 앞두고 임금피크제로 전환했거나 새로운 직무에 배치된 사람은 아닌지, 회사의 이슈는 없는지 등등 질적인 정보까지 파악한다.

만약 청중이 남자라면 강의 내용이 좀 더 논리정연하고 인과 관계에 충실할 필요가 있지만 여성이라면 사례나 스토리를 중심으로 감성적 전달에 더 치중할 필요가 있다. 또한 젊은 학습자라면 디지털 세대인 만큼 시각적 자료와 참여 방식 학습을 적극적으로 활용해야겠지만, 장년층은 강사의 과도한 참여 독려를 오히려 불편하게 생각할 수도 있다.

그리고 학습자들의 학력도 민감한 문제 중 하나다. 저학력층에게 어려운 용어로 말하거나 복잡한 자료를 제공하는 것은 강사의 자기과시로 보일 수 있다. 과거 생산직 교육 때는 외국어나 외래어를 자제해달라는 담당자의 각별한 부탁도 많았다. 반대로 학습자가 고학력층이라면 강사에 대한 기대치나 신뢰감을 높이기 위해서라도 그 수준에 맞는 용어를 일부러 사용할 필요도 있다.

외국계 회사에서 강의할 때 일이다. 외국인이 앉아 있길래 한국말을 하느냐고 했더니 모른다는 것이다. 그런데 왜 앉아 있느냐고 했더니 한국 기업의 교육 분위기를 느껴보고 싶다고 한다. 마침 주제가 커뮤니케이션이었던 만큼 이럴 때 강사가 유창한 외국어로 의사소통할 수 있었다면 꽤나 멋지겠다고 생각했으나 현실은 그렇지 못해 위축됐던 적이 있다.

또한 실적이 부진한 사람만 모아서 교육하는 경우도 있다. 분위기가 좋을 리 없다. 더구나 실적 부진이 자기 책임이 아니라고 생각하는 사람은 억울함이나 분노가 얼굴에 그대로 표출되기도 한다. 안타까운 마음에 '2보 전진을 위한 1보 후퇴' '열심히 해서 다시는 이런 대접받지 말자'라고 위로와 격려를 보내지만 분위기가 점점 무거워질 때가 있다.

이럴 때는 모른 척이 답이다. 자신을 부끄럽다고 느끼거나 사람들이 몰랐으면 할 때는 그렇게 해주는 것이 가장 큰 배려다. 누군가 길에서 넘어졌다면 당장 달려가 도움을 줘야 하는 상황도 있겠지만 넘어진 사람이 벌떡 일어나 아무렇지 않은 척하는데 굳이 달려가 아픈 곳은 없느냐고 묻거나, 조심해야 한다고 이야기할 필요는 없다.

학교에 가기를 좋아하는 아이는 드물다. 그래서 부모들은 외적 동기, 즉 당근과 채찍을 사용한다. 그러나 성인은 능동적이고 내적 동기를 자극해야 한다. 일부 담당자는 '학습 태도가 좋지 않으면 휴식 시간을 덜 주겠다' '체크해서 위에 보고하겠다'는 식의 말을 거침없이 사용한다. 마치 예비군 훈련장에서나 들어보았을 법한 협박이다. 또는 '업무로 바쁜데 교육으로 시간을 빼앗아 정말 죄송하다' '휴식 시간을 많이 주겠다' '맛있는 간식을 준비했으니 기분 좋게 학습해달라'며 교육자의 비위를 맞추기도 한다.

성인을 어린이 대하듯 통제하고 관리하려고 하면 할수록 교육은 불편한 일이다. 따라서 스스로 왜 교육에 참여해야 하는지 자기만의 이유를 가지고 학습에 참여하도록 유도해야 한다. 그래서 초반에 목적과 목표를 반드시 제시해야 하며, 동기부여를 위한 장치가 필요하다.

학습자 분석 포인트

- 인원, 성별, 직급, 나이 등과 같은 일반적 정보를 확인한다
- 실적 부진자, 경력 입사자, 새로운 업무 수행자 등의 특별한 사정은 없는지 확인한다
- 선수 학습이나 이후 학습 내용은 무엇인가?
- 교육을 하는 이유가 무엇인가?
- 담당자가 바라는 사항은?

초반 10분이 골든타임이다

큰 가방과 작은 가방 중 여행 짐을 싸기는 큰 가방이 편리하다. 고민할 것 없이 대충대충 넣어도 공간이 충분하기 때문이다. 하지만 여행지에서 가방을 들고 다니려면 고생이 이만저만 아니다. 반면 작은 가방은 짐을 쌀 때 몇 번이나 망설이게 된다. '필요할까' '그곳에서 구입하지 뭐.' 이렇게 고민하며 짐을 싸면 여행할 때 편리함으로 보상받을 수 있다.

강의도 준비 시간이 길어지면 길어질수록 진행은 더욱 원활해진다. 여러 가지 경우의 수를 예상하고 대비한다면 강의가 일사천리, 청산유수로 진행될 것이고, 대강 준비해놓고 '어떻게 되겠지'라는 막연한 낙관은 뼈아픈 후회로 이어질 수 있다.

뺄 것이 없어야 한다

가방을 잘 싸기 위해 짐을 최소화하는 것만큼이나 중요한 한 가지가 또 있다. 짐을 순서대로 배치하는 것이다. 자주 사용할 물건은 꺼내기 쉬운 곳에 넣어야 하고 비가 올 때만 필요하거나 여행 후반부에 필요한 물건은 아래 깊숙이 넣어두는 것이 좋다.

강의 역시 마찬가지다. 대상에 대한 분석이 끝나고, 목적과 목표에 따라 내용도 적절히 결정되었다면 서론, 본론, 결론에 따라 이야기를 배치하고 전체적으로 흐름을 만들어야 한다. 이야기가 샛길로 빠지지 않도록 반드시 언급해야 할 이야기 위주로 줄거리를 만들고 재미있는 사례지만 오늘 주제와 맥락이 닿지 않는다면 과감히 삭제한다.

좋은 강의를 하고 싶다면 소설가 생텍쥐베리saint-exupery의 완벽함에 대한 정의를 기억할 필요가 있다. '더할 것이 없는 것이 아니라 뺄 것이 없는 상태.' 강의 경력이 많아지는 만큼 할 말도 많아지고 어쩔 수 없이 군더더기도 많아진다. 굳이 하지 않아도 될 이야기지만 그저 한번 웃자고 말한다. 또는 자신의 박식함을 드러내려고, 시간을 때우기 위해 사족을 늘어놓기도 한다. 결국 산만해지고 오히려 꼭 해야 할 이야기를 못하는 경우도 발생한다.

사실 많은 강사들이 청중의 반응이 좋았던 내용에 유혹을 느끼는 것은 당연하다. 그래서 주제와 연관성이 적더라도 어떻게 해서든 그 내용을 끼워 넣으려고 한다. 그렇지만 개 발에 편자라고 아무리 좋은 소재라도 제자리를 찾지 못하면 무용지물이고 거추장스러운 장식일 뿐이다. 내용에 대한 욕심을 절제할 수 있다면 멋진 강사로 가는 데 훨씬 유리하다.

강의 초반은 강사와 청중이 서로 모르기 때문에 부담스럽다. 때문에 밝고 활기찬 분위기에서 시작할 수 있도록 어색함을 깨기 위한 시간, 일명 '아이스 브레이킹Breaking the ice' 타임이 필요하다. 간단하게는 옆 사람과 악수를 나누는 것도 좋고, 강의에 기대하는 바를 서로 이야기 나눠도 좋다. 강사와 청중, 그리고 청중들끼리 벽이 없는 상태를 만들어줘야 한다.

강의 일변도의 시대는 지나갔다. 단조롭고 일반적인 학습 분위기를 탈피하기 위해 토의, 실습, 역할 연기, 강사 시범, 사례 연구 등 다양한 방법을 고려해볼 수 있다. 토의라고 해도 팀별로 할지, 일대일로 할지 아니면 강사와 문답형으로 할지 구체적으로 검토한다. 또한 동영상이나 사진처럼 시각적 자극을 위해 슬라이드를 어떻게 활용할지도 결정해둔다.

이처럼 강의를 어떻게 전개할 것인지에 대해 세부적으로 계획을 수립하는 것을 '교수 전략'이라고 한다. 교수 전략을 통해 세 가지 결과물을 작성해야 하는데, 청중에게 나눠줄 교재, 강의 때 사용할 교보재(슬라이드, 실습 도구, 제시용 실물 등), 그리고 강사의 진행 매뉴얼인 교안이 그것이다. 교안은 배우들의 시나리오나 시놉시스 같은 것으로, 강의 중간 계획대로 잘 진행하고 있는지를 확인하는 현장 지침서다.

 교수 전략 포인트

- 학습 분위기를 조성한다
- 내용을 한정하고 체계적으로 배열한다
- 교수 방법을 결정한다
- 학습 자료(교재, 교보재, 교안)를 만든다

있을 때 잘해야 한다

청중의 관심이 가장 높을 때가 언제일까? 아무래도 무엇을 하는지 잘 모르는 상태다 보니 서론 때 가장 높고, 그다음은 끝난다는 기대감이 작용하는 결론 부분이다. 그리고 본론은 긴 시간이라 전체적으로 저하될 수밖에 없다. 그렇다면 강사는 어디에 더 신경을 써야 할까?

있을 때 잘해야 한다. 바로 관심이 높은 서론을 잘 진행해야 집중력이 조금이라도 더 지속된다. 흔히 의급 상황에서 생명을 살리는 시간을 '골든타임'이라고 하는데 강의 역시 마찬가지다. 초반 10분이 강의를 살리기도 하고 죽이기도 하는 시간이다. 결국 서론의 핵심은 강의를 듣고 싶게 만드는 것이다.

우리나라 말은 결론이 뒤에 나오다 보니 서론이 장황하고 모호한 경우가 많다. 때문에 '뭔 이야기를 하려고 저렇게 서론이 긴가'라는 느낌이 들면 청중은 관심을 지속하기가 어렵다. 어떤 강사는 '끝까지 듣고 나면 제가 무슨 이야기를 했는지 알게 될 겁니다'라며 아예 의도를 숨기기까지 하는데 이는 너무 불친절한 강의 스타일이다.

사실 강사는 무슨 목적으로, 어떤 내용을, 어떻게 진행할지 알고 강연장에 왔지만 청중은 아무것도 모르고 있을 때가 많다. 따라서 왜 강의를 들어야 하고, 듣고 나면 무엇이 좋은지를 미리 설명해주어야 청중은 자발적 필요를 가지고 강의에 참여하게 된다.

결론에도 공을 들여야 한다. 자칫 밋밋한 마무리로 강의의 감동을 반감하는 경우가 있다. 특별할 것 없는 이야기를 들어 줘서 고맙다거나 횡설수설 떠들어서 죄송하다는 식으로 끝내면 겸손해 보이기보다 초라해 보일 수 있다.

특히 성인 학습의 주된 목적이 삶의 변화에 있다는 것을 기억한다면 강연장을 나서는 순간에 다시 한 번 실천의지를 자극해야 한다. 학창시절 선생님의 한마디가 삶의 터닝 포인트가 되기도 한다. 또는 아주 오랫동안 머릿속에서 떠나지 않는 한마디도 있다. 이것을 '파워 라인Power Line'이라고 한다.

드라마 속에도 수많은 대사가 나오지만 유독 사람들에게 회자되는 힘 있는 대사가 있다. 예를 들어 모래시계의 '나 떨고 있니', 가을동화의 '얼마면 돼'가 그렇고 '니들이 게 맛을 알어?'라던 광고 카피도 많은 사람이 기억한다. 스티브 잡스의 스탠포드대학 졸업식 축사에서 마지막으로 말했던 'Stay Hungry, Stay Foolish', 마더 테레사의 'Stop Talking, Start Doing'이란 말들도 인상적인 한마디다.

이세돌 기사가 알파고와 대국에서 내리 세 번을 지자 사람들은 알 수 없는 공포와 무력감을 느끼게 되었다. 그런데 이세돌 기사는 기자회견에서 "오늘의 패배는 이세돌이 진 거지, 인간이 진 것은 아니지 않은가 생각해보겠습니다"라는 말로 사람들에게 위안을 준 적이 있다. 결국 많은 사람들이 4국에서 이세돌 기사의 승리를 응원했던 것도 말 한마디의 힘이라고 할 수 있다.

서론이나 결론이 형식적인 측면에서 중요하다면 본론은 강의의 핵심인 만큼 많은 고민이 필요하다. 강의 내용을 적당히 준비하고 잘 배열하는 것은 기본이고 흥미를 잃지 않게 하고 이해력을 높이기 위한 장치가 있다면 좋은 강의라고 할 수 있다. 또한 청중을 학습의 주체로 끌어들이기 위한 센스도 발휘해야 한다.

강의 기회가 많아질수록 교수 전략은 더욱더 챙겨야 할 필수 습관이다. 어떤 일에 익숙해지면 자꾸 하던 대로 하게 된다. 익숙함에 편리하게 젖어드는 것이다. 그러나 같은 내용을 반복하다 보면 식상해지게 마련이다. 식상함은 청중의 흥미만 떨어뜨리는 것이 아니다. 강사 자신의 의욕도 식게 만든다.

권태기는 오래 산 부부에게만 찾아오는 문제가 아니다. 오랫동안 같은 패턴으로 일을 하다 보면 거기서도 권태기가 올 수 있다. 같은 내용에 가슴은 식어가고 입은 기계처럼 떠든다. 영혼 없는 이야기들이 오가다 보면 의례적 박수로 마무리가 된다. 따라서 교수 전략은 강의를 하는 동안 결코 생략되어서는 안 될 필수 과정이다.

 교수 전략 포인트 ─────────────

- 서론 – 제목, 자기소개, 강의 목적과 목표, 내용 안내, 분위기 조성(아이스브레이킹), 동기부여
- 본론 – 내용 한정과 배열, 흥미 유발, 참여 유도
- 결론 – 요약, 질의응답, 파워 라인

'있어빌리티'가 필요하다

강남역 근처에서는 마스크를 한 여성을 쉽게 만날 수 있다. 미세먼지 때문이 아니라 성형 흔적을 감추기 위해서다. 2014년, 취업포털 인터넷사이트 인크루트 자료에 의하면 20대 취준생 807명 중 '취업을 위해 성형을 하겠다'는 대답이 무려 167명(20.8퍼센트)에 달했다고 한다.

성형까지는 아니지만 이력서 사진을 과도하게 '뽀샵' 하여 면접에서 실제 얼굴을 알아보지 못하는 일까지 벌어진다고 하니 외모의 영향력을 부정할 수는 없다. 이런 외모지상주의 시대에 강사도 예외일 수는 없다. 당연히 좋은 이미지를 위해 첫인상에 신경을 써야 한다.

백 년 동안, 춤추게 한다

첫인상이라고 해서 꼭 외모를 의미하는 것은 아니다. 사실 강연장에 들어온 청중이 가장 먼저 보게 되는 것은 강사의 얼굴이 아니다. 스크린에

씌어 있는 강연 제목이나 책상 위에 놓인 교재, 벽에 붙어 있는 일정표 내용이다. 이때 '위기가 기회' '리더의 역할과 책임' 같은 딱딱한 글귀보다 '불황이 즐겁다' '이끄는 리더, 믿고 따르는 리더' 같은 글귀가 훨씬 흥미 있게 느껴질 것이다.

리더의 필독서『칭찬은 고래도 춤추게 한다』의 원제목은 'Whale Done!: The Power of Positive Relationships'다. 'Well done(잘했어요)'이라는 말을 유사한 운율인 'Whale done'으로 바꾼 것이다. 이 책의 한국어 초판본 제목은 'You Excellent! : 칭찬의 힘'이었다. 그러나 판매가 기대에 미치지 못했고 이후 제목을 바꾸고 나서 대박이 났다.

'마시는 흑초'란 제품도 시장에서 사라질 위기에 처했는데 40대 이상의 중장년층을 표적 시장으로 삼아 '건강과 장수'를 콘셉트로 한 '백년동안'으로 바꾸면서 큰 성공을 거뒀다고 한다. 물론 제품 자체의 경쟁 요인은 당연한 선결 조건이다. 그러나 그 제품이 훌륭하다는 것을 알리려면 어쨌든 제품에 관심을 가져야 하는데 이때 제목이 가지는 영향력이 클 수밖에 없다.

- 행복한 인생을 살자
- 행복한 인생에는 세 가지가 꼭 있다
- 하루 한마디로 행복해지기
- 삶이 행복한 사람, 삶에 행복한 사람
- 불행해야 행복하다
- 행복, 뭣이 중헌디

모두 행복을 주제로 한 강의다. 어떤 제목이 가장 눈길을 끄는가? 아마도 첫 제목은 너무 평범하고 교과서 같아 보이지만 나머지는 있어빌리티('있다'와 영어로 능력을 뜻하는 'ability'를 합친 신조어)하다.

'행복한 인생에는 세 가지가 꼭 있다'처럼 숫자를 사용하면 강사가 전하고자 하는 내용이 무엇인지 정확하게 제시할 수 있기 때문에 이야기를 풀어가기도 편하고 요약하기도 좋다. 다만 숫자가 너무 과하면 부담스러울 수 있으니 3으로 한정할 필요가 있다. 좋은 부모 20계명을 읽다 보면 좋은 부모가 되기를 결심하기보다 포기를 결심하게 된다. 지나치게 많은 내용은 뭔가 요약했다는 느낌보다 여기저기서 짜깁기하여 나열한 듯한 산만함이 느껴진다.

우리나라 사람들에게 가장 큰 스트레스 중 하나는 영어다. 그래서 영어 공부를 하려고 서점에 갔는데 두 권의 책이 보인다. '영어공부 왕도가 없다'와 '30일만 하면 입이 트인다.' 왕도가 없다니 그저 열심히 하라는 소리다. 백번 맞는 소리지만 맥이 풀린다. 그러나 30일만 하면 입이 트인다니, 구세주를 만난 것 같다. 과장이라는 것을 알지만 혹시나 하는 기대를 갖게 되는 것도 사실이다. 그러니 막연한 행복론보다는 차라리 '하루 한마디'라는 현실적 대안이 더 관심을 끌 수도 있다.

호기심을 자극하라

레오나르도 다빈치Leonardo da Vinci는 '모든 색 중에서 가장 큰 즐거움을 주는 것은 서로 반대되는 색들이 모여 있는 것'이라고 했다. 이렇듯 강연 제목에서도 보색 효과를 활용해보자. '행복한 사람과 항복한 사람'처럼 대비를 시키면 전하고자 하는 내용을 더 선명하게 부각할 수 있다.

사람들의 호기심을 자극하기 위한 가장 효과적 방법은 패러독스 paradox, 소위 역설이다. '돈은 써야 번다' '영어공부 절대로 하지 마라' '추락하는 것은 날개가 있다'처럼 논리적으로 모순되지만 그렇기 때문에 궁금증을 유발할 수 있다. '불행해야 행복하다'도 불행해본 사람만이 진짜 행복의 의미를 알 수 있기 때문에 현재의 어려움을 기꺼이 감수하라는 우회적 설득이라고 할 수 있다. '중요한 것에 집중해야 한다'라는 뻔하디뻔한 말보다 '사소한 것에 목숨 건다'는 것이 훨씬 재치 있고 더 공감가는 표현이 될 수 있다.

마지막으로 퍼러디 parody라는 방법이 있다. 패러디는 기존의 잘 알려진 원본을 재생산해 사용하는 것이다. 단순한 흉내나 모방보다 원작의 문제점을 폭로하거나 비틀기도 하고 또는 풍자적으로 새로운 메시지를 만들어내서 촌철살인의 재치를 보여준다. 대응 노래 counter-song, 파생적인 노래라는 뜻의 고대 희랍어 파로데이아 Parodia에 어원을 두고 있는데 최근에는 풍자보다는 단순한 익살로써 웃음을 유발하는 수단으로 더 많이 사용된다. 유명 드라마와 영화의 대사나 예능 프로그램의 유행어를 흉내 내거나(행복해야지 말입니다, 행복 뭣이 중헌디, 행복한 게 히트다 히트) 특정 상황을 인용하기도 한다.

2014년 소치동계올림픽 개막식에서 오륜기 중 하나의 원이 펼쳐지지 않는 해프닝이 발생했는데 며칠 후 그 상황을 패러디하여 '원이 4개만 필요할 때'라는 포스터가 인터넷에 소개된 적이 있다. 원래 오륜기는 5개의 원으로 만들어졌지만 개막식 때 1개의 원이 펼쳐지지 않은 상황을 고려해 원이 4개만 필요하다고 한 것인데, 바로 아우디 자동차였다. 이러한 상황을 설명하며 '우리는 4개도 필요 없다. 3개면 충분하다. 행복한 인생에서 필요한 세 가지를 지금부터 이야기해보자'고 말할 수도 있을 것이다.

다만 지나친 말장난이나 성적 표현은 오해의 소지가 있는 만큼 주의 깊은 사용이 요구된다. 『남자의 물건』이란 책 제목이나 오래전 〈시스터 액트 Sister Act〉라는 영화를 그대로 직역하여 풀이한 '누나의 행위'는 야릇한 호기심을 자극하기는 하지만 지나치게 19금 느낌이라서 자칫 역효과를 낼 수도 있다.

 제목 만들기 포인트

- 숫자를 활용한다(가능하면 3이 좋다)
- 실용성, 이익을 강조한다
- 대조적 표현이나 패러독스(역설)로 호기심을 자극한다
- 패러디로 웃음을 유발한다

징검다리를 놓자

수업이 시작되자마자 선생님의 첫마디가 "지난 시간에 어디까지 했지? 오늘은 그다음부터"라면 숨이 탁 막혀온다. 기본 안주도 나오지 않았는데 곧바로 메인 메뉴가 나오는 형국이다.

이처럼 갑자기 훅 들어오는 느낌이라면 강의에 몰입하기가 어렵다. 백화점 미끼 상품마냥 청중의 관심을 끌어낼 만한 장치가 필요한데, 그것이 바로 동기부여다. 서론에서 본론으로 넘어가는 징검다리 역할을 하기도 하고 강의 목적을 설명하기 위한 실마리가 되기도 한다.

양피지갑벨트

동기부여를 할 때 가장 자연스러운 방법은 에피소드를 활용하는 것이다. 에피소드는 자신이 직접 겪은 일이기에 내용의 가감이 용이하고 공개된 유머처럼 청중이 알고 있을 것을 염려할 필요가 없다. 또한 생활 속

이야기를 대화하듯이 편하게 풀어갈 수 있어서 초반에 관심을 끄는 데 이보다 좋은 것은 없다.

2009년 봄 컴퓨터가 속을 썩여 서비스센터와 짜증스럽게 통화를 하고 있었다. 그때 다른 직원이 선물이 왔다며 택배박스를 책상에 놓고 갔는데, 얼핏 보니 지갑 벨트였다. 마침 필요했던 물건이라 기분이 풀어졌고 조금 전과 달리 부드럽게 약속을 하고 통화를 끝마쳤다. 설레는 마음으로 박스를 열었는데 지갑벨트는 없고 책이 한 권 나왔다.

『기적의 양피지 캅베드』라는 신간이 나왔으니 한번 읽어보고 추천해달라는 한 출판사의 선물이었다. 도무지 왜 지갑 벨트라고 보고 설렜는지 어이가 없었다. 그런데 박스를 보니 그만한 이유가 있었다. 책 제목이 한 줄로 적혀 있었던 것이다. 기적의 양피지갑베드. 이것을 내가 곁눈으로 슬쩍 보고는 양피 지갑벨트 세트로 오인한 것이었다.

커뮤니케이션이 주제라면 이런 에피소드를 통해 감정의 중요성을 언급하며 강의를 시작해도 좋을 것이다. 조르지오 아르마니 선글라스 때문에 생긴 에피소드도 내 단골 소재다. 신혼여행을 위해 안경점에 가서 선글라스 가격을 물어보았더니 무려 35만원이란다. 그때가 1990년이었으니 엄청 고가였다. '너무 비싸다'고 했더니 그 제품이 바로 '아르마니'라는 것이다.

그런데 명품을 잘 몰랐던 나는 '그럼 테까지 합하면 얼마냐?'고 되물어 웃음바다를 만들었다. 아르마니를 '알만 35만 원'으로 엉뚱하게 이해했던 것이다. 이처럼 말이라는 것은 하는 사람과 듣는 사람 사이에 오류가 생기게 마련이니 오늘은 그런 이야기를 해보자고 유도하면 좋은 동기부여가 된다.

그러나 에피소드는 자신의 일이 아니면 실감이 나지 않는다. 때문에 마땅한 소재가 없다면 허구로 말하기보다 사실을 제시하는 것이 바람직하다. 우리나라 최악의 항공기 사고는 1997년 대한항공 괌 추락이다. 사건의 원인은 복합적이었지만 가장 눈에 띄는 것은 기장과 부기장 간에 커뮤니케이션이 원활하지 않았다는 것이다.

당시 부기장은 두 번이나 착륙 포기를 건의했는데도 기장은 듣지 않았다. 기장은 1987년, 부기장은 1994년에 입사했기 때문에 위계질서를 중시하는 한국 문화에서 부기장은 어찌할 도리가 없었다(이것은 말콤 글래드웰Malcolm Glacwell의 저서 『아웃라이어』에 상세히 소개되고 있다). 커뮤니케이션의 단절은 이렇게 엄청난 결과로 이어질 수 있는 만큼 이를 해결하기 위한 논의를 해보자고 한다면 자극적인 동기부여가 될 수 있다.

그것이 에피소드이든 사실이든 사람들의 주의력을 끄는 데 이야기만큼 좋은 것은 없다. 누군가가 '재미난 이야기 해드릴게요'라고 한다면 일단은 귀를 기울이게 된다. 말을 잘하는 친구들은 덮어놓고 이야기를 시작하지 않고 '살다 살다 별일이 다 있네'라며 뜸을 들인 후 '무슨 일인데'라며 관심을 보이면 그때 말을 시작한다. 강의에도 그런 센스가 필요하다.

남자 100미터 세계기록을 4번 더한 400미터 기록과 남자 400미터 계주기록을 비교하면 어느 것이 더 빠를까? 100미터는 2009년 베를린 세계육상선수권에서 우사인 볼트가 기록한 9초 58이고, 400미터 계주는 2012년 런던올림픽에서 우사인 볼트가 속한 자메이카팀의 36.84이다. 이를 100미터로 나누면 9초 21이니까 계주 기록이 훨씬 빠르다.

400미터는 100미터처럼 제자리에서 출발하는 것이 아니라 바통을 주고받는 20미터 구간에서 미리 속도를 낼 수 있다. 그런데 바통 터치가 제대로 되지 않으면 낭패를 보게 된다. 함께 일하면서 커뮤니케이션이 원활하지 않은 것은 바통을 놓치는 일과 같다. 이것은 커뮤니케이션을 강의할 때 적절한 문제인데 주제에 따라 문제를 만들어 관심을 끄는 것은 얼마든지 가능하다.

만약 문제 숫자를 늘려서 개인이 아니라 팀별로 이야기할 시간을 준다면 아이스 브레이킹 차원에서도 유용할 수 있다. 다만 주의할 것은 문제가 흥미 위주로만 편성돼서 오늘 강의 주제와 관련이 있지 않으면 자칫 무의미한 시간 낭비가 될 수 있다는 점이다.

마지막으로 소도구^{Props}를 활용할 수도 있다. 즉석복권 한 장을 보여주면서 복권을 살 때 어떤 기대를 하고 사는지를 물어보면 대부분 1등이라고 대답한다. 그럼 손에 든 복권도 1등에 당첨되길 기원해달라고 모두에게 부탁하고 그 자리에서 긁는다. 물론 당첨되면 여기 있는 사람들이 똑같이 나눠 갖자고 미리 약속을 한다. 하지만 결과는 500원이나 꽝이다.

그럴 줄 알았다는 표정일 때 청중에게 말한다. "사람을 만날 때도 상대가 나에게 도움이 되는 사람이길 원하지만 그렇지 못한 경우가 많죠. 그럼 당신은 다른 사람에게 어떤 사람인가요? 이왕이면 도움 되는 사람이 되는 것이 좋지 않을까요! 오늘 그런 이야기를 해보죠" 하고 말이다.

단어 Props(Properties)는 연극, 영화에서 사용하는 소도구(소품)를 뜻한다. 연극, 영화에서는 단순한 물건도 종종 은유적인 의미를 가지거나 상징으로 바뀌기도 한다. 글쓰기로 말하면 은유법^{metaphor}이라고도 할 수 있다. 직접적으로 표현하면 너무 빤할 때, 또는 의미 전달이 모호하거나 좀 더 확실하게 의미를 전달해야 할 때 유사한 특성을 가진 다른 사물이나 관념을 사용하는 것이 은유법이듯 강의에서도 주제와 연결시킬 수만 있다면 무엇이든 소도구로 활용하는 것이 가능하다.

좀 더 자연스럽게 연출하고 싶다면 학습자의 물건을 가지고 이야기를 전개하는 것이 좋다. 다만 연극적 요소가 있기 때문에 자신감이 없다면 어색하게 보일 수도 있다. 따라서 강의 자체에 대해 어느 정도 자신감이 있을 때 변화와 새로운 도전의 방법으로 고려해보는 것이 좋겠다. 한 가지 주의할 점은 강사가 어떤 말을 하려고 그러는지 눈치챌 정도로 식상한 소재는 피해야 한다.

 동기부여 포인트

- 에피소드를 활용한다
- 사실을 설명한다
- 질문, 퀴즈를 풀게 한다
- 소도구를 활용한다

흥미는 계속되어야 한다

여행하면서 중간에 들리는 맛집이나 휴게소에서의 군것질은 또 하나의 재미다. 대전역에서 먹는 우동이나 열차 안에서 까먹는 삶은 달걀까지는 아니더라도 고속도로 휴게소나 이동수단 안에서 기억나는 즐거움은 누구나 한두 개씩 있을 것이다.

물론 그것이 여행 본연의 목적을 대신할 수는 없다. 어차피 주객이 전도되어서도 안 되고 그럴 수도 없다. 강의도 전달할 메시지가 분명하기 때문에 재미만을 추구할 수는 없다. 하지만 초반의 동기부여만으로 시종일관 청중을 집중시키는 것이 결코 쉬운 일은 아니다.

비타 1500 보다 비타 500

미국의 학습심리학자 켈러$^{\text{John M. Keller}}$는 적절한 피드백이 제공되면 청중들은 자신의 행동을 강화하게 될 것이라 주장하며 4가지 학습동기이론을 제시하였다. Attention(주의집중), Relevance(관련성), Confidence(자신감), Satisfaction(만족감)의 첫 글자를 따서 ARCS 이론이라고 하는데 청중의 흥미를 지속시키는 데 유용하다.

첫째, Attention에는 감각적 자극이 있다. 이것은 오감을 활용하는 것으로 발표할 때도 그냥 하는 것이 아니라 공이나 인형 같은 것을 던져서 받은 사람이 발표한 후 또 다른 사람에게 던져주는 방식이다. 또는 주사위를 두 번 던져 숫자 합이 적거나 많은 사람이 발표하는데 마치 게임을 하는 긴장감을 느낄 수 있다. 듣는 사람들도 자리에 앉아 있지 말고 미술관에서 도슨트의 해설을 듣는 것처럼 발표자 주변을 에워싸기도 한다.

인지적 자극도 있는데, 강의 내용을 궁금해하도록 설문 자료의 순위를 물어보거나 빈칸에 들어갈 내용을 예상하게 하는 것이다. 예를 들어 '100 빼기 1은 얼마일까요?'라고 묻는다면 청중들은 당연히 99는 아닐 것이라 생각하고 그 질문 의도를 골똘히 생각하게 된다. 결국 청중의 호기심을 어떻게 자극하느냐가 관건이라고 할 수 있다.

둘째, Relevance는 관련성을 부각하는 것이다. 수업 내용에는 관심이 없다가도 자신이 좋아하는 게임이나 연예인과 이야기를 하면 귀가 번쩍 트이는 것과 같다. '칵테일파티 효과' '자기관련 효과'로 심리학에서는 '선택적 지각selective perception'이라고도 한다.

청중과의 연관성을 충분히 설명하면 집중력은 높아지겠지만 '저 이야기가 나하고 무슨 상관이야'라는 느낌이면 지루해지기 일쑤다. 하지만 다양한 청중을 만나면서 그때마다 청중 맞춤형 이야기를 하기는 쉽지 않다. 따라서 생활 속 친근한 사례를 가지고 관련성을 만드는 것이 현실적 대안이다.

특정 대학에서 강의하는 경우 그 학교 출신이 아니라고 해도 뭔가 인연을 강조하는 것도 그 때문이다. 이 학교를 지망했다가 떨어졌다거나 아내가 이 학교 출신이라거나, 어렸을 때 이 근처에 살았다고 실낱같은 인연을 들먹인다. 마치 선거 때면 정치인들이 마음의 고향이니 정치적 고향이니 하며 지지를 호소하는 것과 같은 이치라고 하겠다.

'Best ONE보다 Only ONE'이 강의 주제라고 가정해보자.

하버드 경영대학원 문영미 교수의 『디퍼런트 - 넘버원을 넘어 온리원으로』나 세계적인 베스트 셀러 작가 세스 고딘Seth Godin의 『보랏빛 소가 온다』도 좋은 예시가 될 수 있지만 강사 자신이 창작한 소재가 아니라 요약일 뿐이다. 결국 최초가 중요하다고 말하면서 강사는 그렇지 못한 상황이니 어이없게 느껴질 수도 있다.

그런데 생활 속 친근한 소재를 찾아보자. 비타 500과 비타 1000이 있다면 무엇을 먹겠는가? 비타 음료 시장에서 비타 500이 압도적 1위인 것을 보면 대부분 비타 500을 선택할 것이다. 이유는 간단하다. 최초의 비타 음료라고 각인되어 있기 때문이다. 비타 1000과 심지어 비타 1500이 아무리 품질을 강조해도 원조 효과를 뛰어넘기는 힘들다. 그만큼 Only ONE이 되는 것이 중요하다.

강의 주제나 청중의 성격에 딱 맞는 이야기를 찾기란 모래사장에서 바늘 찾기와 같다. 하지만 널려 있는 모래로 바늘과 관련된 이야기를 만들 수 있다면 강의 소재는 무한하다. 따라서 이 책에 나오는 '이야기를 만드는 여섯 가지 방법'을 참고하여 강의 내용을 풍성하게 하는 스토리를 만들어보자.

숨지 않은 그림 찾기

숨은 그림 찾기를 해보면 2~3개는 숨어 있지 않고 아예 대놓고 찾을 수 있게 되어 있다. 왜 그럴까? 너무 어려워서 5분 동안 1개도 못 찾는다면 사람들은 포기할 확률이 높다. 찾은 것이 없기 때문에 아쉬울 것도 없다. 하지만 2~3가를 찾고 나면 욕심이 생겨 점점 몰입하게 된다. 일종의 밑밥으로 자신감을 북돋아 주기 위한 것이다. 이것이 셋째, Confidence 요소다.

같은 실수라고 해도 새해 첫날이면 기분이 더 찝찝하다. 마찬가지로 강의 초반에는 청중들이 쉽게 대답할 만한 질문이나 이해하기 쉬운 내용을 언급하여 호응을 이끌어내는 것이 중요하다. 그렇다고 너무 빤한 내용만을 제시하거나 '쉽게 말하면'이라고 반복하면 청중은 무시당하는 느낌을 받을 수 있는 만큼 주의는 필요하다.

또한 강사의 이야기를 듣기만 하는 것은 청중을 지나치게 수동적 상태로 만들기때문에 참여식 학습 방법을 활용할 필요가 있다. 그리고 적극적으로 참여하게 하려면 배려가 필요하다. 예를 들어 쉬기 전에 "다음 시간에는 동료들과 불편했던 상황에 대해 논의할거니까 쉬면서 한 가지씩 생각해보세요" 하고 먼저 알려주는 것이다.

마지막은 Satisfaction. 변화를 가능하게 하는 대단히 중요한 요소다. 하지만 만족감은 결과에 대한 보상으로 느껴지는 감정이라 강사가 먼저 청중들의 행동을 유도해야 한다. 아무리 칭찬은 고래도 춤추게 한다지만 밑도 끝도 없이 칭찬할 수는 없는 일이다. 오히려 근거가 미약한 립 서비스는 청중을 어린애 취급하는 것으로 오해를 살 수도 있다.

따라서 청중 스스로 자신들의 결과를 확인할 수 있도록 골고루 기회를 부여하면 좋다. 팀별 토의를 했다면 모두에게 발표 기회를 준다. 네 팀의 경우 순서대로 발표하면 마지막 팀은 비슷한 내용으로 맥이 풀릴 수 있는 만큼 처음 팀 하나, 다음 팀은 앞서 발표한 것을 제외하고 또 하나, 그리고 다음 팀도 또 하나, 이런 식으로 하면 네 팀이 골고루 말할 수 있다. 그 밖에도 팀별로 인원이 비슷하다면 모두가 발표자의 역할을 하도록 팀별로 한 명씩 고유번호를 부여한 후 각 팀 1번은 1번끼리, 2번은 2번끼리 팀을 재편성하여 공유하는 방식도 있다.

그리고 무리하지 않는 범위에서 유형의 보상도 가미하는 것이 필요하다. 간식, 책, 상품권, 복권, 일찍 끝내기, 휴식 시간 충분히 주기 등 얼마든지 아이디어를 낼 수 있다. 다만 형평성이 중요한 만큼 엄격한 판단 기준이 있어야 하며, 객관성을 유지하기 위해서는 청중 상호평가도 고려해볼 만하다. 혹시 강사의 지나친 개입이나 조언으로 결과물이 나왔다면 평가를 생략하는 것이 타당할 것이다.

강사와 청중을 인간관계 측면에서 보면 데일 카네기Dale Carnegie의 조언도 기억해둘 만하다. 그는 "이름은 그 사람에게 있어 세상에서 가장 중요하고 감미로운 여운을 가진 단어"라고 말한 바 있다. 그러므로 청중의 이름을 불러주는 것은 청중에 대한 존중의 표시로 심리적 거리를 줄일 수 있다.

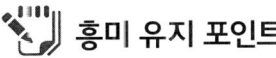 **흥미 유지 포인트**

- 주의 집중을 위한 장치를 마련한다
- 관련성 있는 사례를 개발한다
- 자신감을 갖도록 배려한다
- 청중의 행동에 대해 제대로 보상한다

일방통행은 안 된다

남이 먹는 것을 보면 먹고 싶다. 그 음식이 라면이라면 유혹은 더욱 강렬하다. 그래서일까, 맛집의 비법은 공개하지 않고 음식만 소개하던 '먹방'은 시들해지고 일반인들도 조리할 수 있도록 레시피를 제공하는 '쿡방'이 관심을 끌고 있다.

먹는 것뿐이 아니다. 마이클 샌델Michael J. Sandel 교수의 강좌가 하버드대 역사상 가장 인기가 있게 된 것도 산파술(소크라테스식 대화법)이라 불리는 수업 방식 때문이다. 그는 지식을 일방적으로 전달하지 않고 실생활에서 경험할 만한 상황만 제시한 후 학생 스스로 생각하고 말할 기회를 준다. 결국 강사는 산모가 아이를 낳을 수 있도록 도와주는 산파 역할을 할 뿐이다.

질문은 프러포즈다

강의 후 설문을 보면 동료들과 대화하면서 많은 것을 느꼈다는 반응도 많다. 논어 술이편의 '세 명이 길을 가면 그중에는 반드시 스승이 될 만한 사람이 있다三人行 必有我師'는 말이 괜한 소리가 아님을 알 수 있다. 반면 강사에 대해서는 '좋은 이야기지만 우리 형편에는 맞지 않다' '우리 실정을 모르는 것 같다'는 의견도 나온다.

강의는 단지 모르는 것을 배우는 것 이외에도 부족함을 바로 잡거나 알고 있는 대로 행할 목적을 가지고 있다. 때문에 청중이 이미 알고 있는 내용을 반복하거나 행하지 못하는 이유에 대해 공감하지 않는다면 '그렇게 잘 아니까 너가 해봐라, 너 잘났다'고 하는 비아냥을 들을 수 있다.

심지어 효율성을 강조했던 학교 수업마저 교사 중심의 전달 학습 대신 모둠(팀) 학습, 자기주도 학습, 토론, 스토리텔링, 최근에는 멀티미디어를 활용한 '거꾸로 학습Flipped Learning'으로 변해가고 있다. 거꾸로학습은 교실에서 배우고 집에서 복습하는 것이 아니라 집에서 미리 학습하고 교실에서는 배운 내용을 가지고 토론하면서 개념을 다지는 것이다. 어쨌든 이름은 제각각이지만 학생들이 배움의 주체가 되어야 한다는 핵심은 동일하다.

사실 성인은 학생들에 비해 훨씬 많은 시간을 살아왔고 그 속에서의 경험들이 곧 삶 자체다. 따라서 그들에게 말할 수 있도록 기회를 주고 그 이야기에 귀를 기울여주는 것은 강의 기술 이전에 인간에 대한 예의다. 때문에 청중이 참여할 수 있는 시간을 할애하고 공간을 마련해줄 필요가 있다. 그럼으로써 청중은 스스로 지식과 경험을 재구성할 수 있게 된다. 이를 위해서는 강사가 몇 가지 주의할 사항이 있다.

- 청중들끼리 어색하지 않도록 반드시 아이스 브레이킹을 한다(시간이 여의치 않다면 좌우에 있는 청중과 가볍게 악수하도록 권하거나 '질문을 많이 해도 이해해주세요'라고 말하게 한다)
- 개인의 경험일 뿐이니 너무 일반화하지 않도록 사전 안내한다
- 강사는 물론이고 다른 청중과도 논쟁을 벌이지 않도록 주의한다
- 소수에게 편중되지 않도록 중재한다
- 특정 사항에 대해 생각해 오도록 사전에 공지한다
- 주제와 다른 방향으로 흘러가지 않도록 적절히 개입한다
- 팀 별로 진행할 경우 토의 내용이나 속도를 조절해준다

또한 청중과 적극적으로 상호작용하려는 시도가 필요한데, 질문이 바로 그것이다. 질문은 청중이 강의 내용을 제대로 이해했는지 확인할 때도 사용하지만 참여를 이끌어낼 때 훨씬 효과적이다. 때문에 '나와 결혼해달라'는 프러포즈처럼 상대를 배려해야 한다. 그런데 프러포즈의 핵심을 서프라이즈로 오해한 강사는 질문을 심문처럼 하기도 한다.

- 누군가를 지명한 후 질문하지 말고 청중 전체에게 대답해 달라고 한다(직접 말하기를 부담스러워 하는 청중에겐 메모지를 제공한 후 적어달라고 할 수도 있다)
- 그래도 답이 없을 경우 눈을 마주치면 호의적 시선을 보내는 사람을 지명한다
- 대답을 들은 후 감사를 표하고, 그 내용과 연관해서 강의를 이어간다
- 선뜻 대답을 못하면 '다른 사람들도 어려워한다'는 식으로 청중을 보

호한다
- 특정 청중이 대답을 독점하면 '이번엔 말씀 안 하신 분 중에서' 하고 제한을 둔다
- 청중에게 '왜 그렇게 생각하냐'고 추궁하듯 말하지 말고 '그렇게 생각하는 이유가 무엇이냐'고 묻는다
- '질문하세요'라는 말에 곧바로 손드는 청중은 잠시 틈을 두고 대응한다(대개 반론이나 반감을 가진 청중이라서 강사에게 여유가 필요하기 때문이다)
- 좋은 질문이라고 말하면 평가하는 느낌이니까 '감사하다'는 반응만 보인다
- 앞서 설명한 내용이 부족했던 것 같다면 다른 내용으로 설명한다
- 준비 부족이나 모르는 것은 솔직히 이야기하고 알려줄 구체적 방법을 약속한다

태도도 말을 한다

거짓말 탐지기는 물론이고 프로파일러에 대해서도 너무 많이 소개되다 보니 보디랭귀지 자체가 진부할 정도다. 사실 아이가 거짓말할 때 "엄마 눈 보고 이야기해. 했어, 안 했어?"라고 다그쳤던 것을 보면 우리는 말보다 보디랭귀지가 더 큰 의미가 있음을 본능적으로 알고 있는 듯하다.

1970년 12월 7일, 당시 독일 총리인 빌리 브란트Willy Brant는 폴란드 바르샤바에 있는 유태인 추모비 앞에서 무릎을 꿇어 전 세계를 깜짝 놀라게 했다. 이것은 제2차 세계대전의 책임이 있던 독일에 대해 국제사회의

신뢰와 지지를 이끌어내는 데 매우 결정적 행동이었다. 일본이 말로 하는 정치적이고 상투적인 사과에 익숙했던 우리로서는 부러운 일이 아닐 수 없다.

커뮤니케이션의 영향력과 관련해서는 미국 UCLA대학 멜라비언 Mehrabian 교수의 연구가 가장 널리 알려져 있다. 말의 내용과 방법, 태도가 일치될 경우 언어적 의미가 좀 더 명확해진다. 예를 들어 '잘했어' 하고 미소 짓거나 '안 돼' 하며 얼굴을 찌푸리면 오해의 소지가 없다.

하지만 불일치가 일어날 경우 언어적 의미보다 비언어적 의미에 더 큰 영향을 받는다고 했다. 왜냐하면 말의 내용은 이성적 표현이기 때문에 상대의 반응에 따라 본심과 다르게 꾸며 이야기할 수도 있지만, 감정은 속일 수 없기 때문이다. 입으로는 '괜찮다'고 하면서도 그 사람이 이야기에 귀 기울지 않거나 웃지 않는 등 은연중에 감정이 표현되는 것이다.

따라서 강사가 청중 앞에서 어떤 보디랭귀지를 보이느냐는 청중에 대한 마음을 보여주는 것이며, 강의에 대한 자신감을 느낄 수 있는 단서가 된다. 경험이 많다면서 목소리가 떨리거나 시선을 마주하지 못한다면 당장 초보자라고 의심받을 수 있다. 또한 강의 중 바지 주머니에 손을 넣는다면 청중 입장에서는 건방지다고 느낄 수도 있다.

시선은 자연스럽게

청중과의 눈길을 피하는 강사는 불안하거나 자신감이 없어 보인다. 심할 경우 학습자를 무시하는 인상을 줄 수도 있다. 어쨌든 청중을 봐야 상황을 파악할 수 있고 눈을 보고 이야기해야 말투도 자연스럽게 나오고 매끄러운 대화가 이루어진다.

- 처음 이야기할 때는 맨 뒷사람을 보고 말을 한다(그래야 목소리가 크게 나온다)
- 나오자마자 말하지 말고 먼저 1~2초 전체적으로 눈빛을 교환한다
- 바닥이나 천장을 보지 않는다
- 항상 누군가와는 눈을 마주친다(한 문장에 한 사람 정도로 청중을 본다)
- 사각지대가 없도록 골고루 바라본다(뒤에서 앞으로, 좌에서 우로)

손은 계획적으로

강의가 익숙해지기 전까지 손 처리는 참으로 부담스럽다. 긴장하게 되면 양손을 비비거나 손에 든 펜, 종이를 만지작거리기도 한다. 하지만 손은 강의내용을 시각적으로 전달할 때 제일 좋다. 그리고 손을 사용하면 강사의 표면적이 커지기 때문에 청중의 시선을 끌 수 있다. 웅변가나 정치가들이 손으로 단상을 내리치며 강조하는 것도 그 때문이다. 손의 사용 정도에 따라 강의가 활력 있게 보이기도 하고 지나치게 잔잔해질 수도 있다.

- 손은 가능하면 가슴과 허리선 안에서 움직인다(손을 가슴 위로 올리면 과장된 느낌이고 허리 아래로 떨어뜨리면 너무 잔잔하다)
- 뒷짐을 오래 지지 않는다
- 양손을 만지작거리지 않는다

- 바지 주머니에 손을 넣지 않는다
- 팔짱을 끼지 않는다
- 양손(한 손)을 허리에 올리지 않는다
- 특히 요약할 때(오늘 3가지 중요 사항을 이야기했다면) 손가락을 사용하며 중요 포인트를 다시 정리한다

자세는 앞을 향하여

강사가 앞에서 보여주는 모든 자세는 청중에게 의미로 작용할 수 있다. 무엇보다도 자신감 있게 보이는 것이 중요하지만 지나침은 무례할 수도 있으니 주의가 필요하다. 특히 슬라이드 사용이 늘면서 청중보다 슬라이드 쪽으로 향하는 경우가 많은데, 그러다 보면 아예 한쪽 청중에게는 등을 보이는 경우도 있다. 이럴 경우 비스듬하게 서서 말을 하게 되므로 세심한 주의가 필요하다. 또한 몸의 방향을 바꿀 때는 반드시 발을 움직여 확실하게 전환을 하지 않으면 몸이 꼬이는 것처럼 보여서 시각적으로 불편하다.

강연장에서 움직일 수 있는 사람은 강사밖에 없다. 같은 자리에 서서 강의하기보다 전후좌우로 활동영역을 넓혀 동적인 느낌을 연출할 필요가 있다.

- 몸을 좌우로 흔들거리지 않는다
- 양손으로 탁자나 교탁을 움켜잡지 않는다
- 짝다리를 짚지 않는다

- 교탁을 주먹으로 딱딱 두드리지 않는다
- 얼굴 부위를 손으로 만지지 않는다
- 한곳에만 서 있지 않는다(내용이 바뀔 때는 좌우로 움직이고, 강조하거나 참여를 유도할 때 전후로 움직인다)
- 판서를 할 때는 좌에서 우로 한다
- 판서할 때도 시선 또는 음성으로라도 청중과의 접촉을 유지한다

레이저 포인터는 신중하게

레이저 포인터를 잘못 사용하면 강의를 방해하는 도구로 전락할 수 있다. 작동 방법을 충분히 익혀서 능숙하게 사용하면 그것만으로도 전문가의 이미지를 보여줄 수 있다.

- 원칙적으로 레이저 포인터의 사용은 최소화한다
- 청중이 볼 때 화면 오른쪽에 더 많이 선다
- 사용하지 않을 때 레이저 포인터를 만지작거리지 않는다
- 레이저 포인터 불빛을 화면에서 지나치게 움직이지 않는다(원 그리기 금지)
- 레이저 포인터 불빛이 사람을 향하지 않도록 한다
- 화면 내용과 상관없을 경우에는 화면을 차단한다(블랙 기능을 너무 자주 사용하면 눈이 아프다고 하는 경우가 있기 때문에 슬라이드 바탕화면을 검게 하고 글씨를 흰색으로 하는 것도 좋은 대안이다)

강의 기술 포인트

- 일방적 전달보다 참여식 강의가 대세다
- 질문은 프러포즈처럼 한다
- 눈은 항상 누군가를 보고 있어야 한다
- 손은 반드시 사용해야 한다
- 자세는 정면을 향한다
- 제자리에 있지 말고 움직인다
- 레이저 포인터의 블랙기능을 활용한다

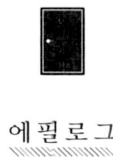

에필로그

프로 강사는 돈보다 아름답다

대학 시절, 4학년 1학기를 마치고 군대를 갔다 오니 취업 환경이 너무 나빠졌다. 집안 사정까지 좋지 않아 휴학을 고민했는데 마침 지도교수가 기회를 만들어주었다. 기업 교육이 생소할 때였지만 앞으로 전망이 있을 것 같으니 1년만 경험해보라는 제안이었다. 경제 사정이 좋지 않았던 나에게 소나기를 피해서 가라는 배려이기도 했기에 열심히 해보겠다고 다짐했다.

그러나 회사는 미약하다 못해 초라했고 찬란한 미래는 어디에서도 찾기가 힘들었다. 마침내 첫 월급날, 생각보다 훨씬 두둑한 봉투가 그동안의 실망을 보상해주었다. 대기업 신입사원의 봉투 두께와 비교해도 결코 부족함이 없었다. 그 봉투가 교육 분야에서 시간을 겹겹이 쌓아갈 수 있는 계기를 만들어주었다.

일을 하면서 다양한 분야의 사람을 만나고, 그 사람들에게 내 생각과 감정을 말하고, 그 말에 영향받는 사람들의 모습을 보면서 재미와 보람을 느끼게 되었다. 그것은 봉투가 주는 기쁨과는 질적으로 다른 것이었다. 봉투의 느낌처럼 확실하게 전달되긴 어렵지만 나를 이 자리까지 끌고 온 힘이었고 앞으로도 내 등을 떠밀어줄 힘이다.

우리의 삶이 청소를 끝낸 방처럼 항상 정돈되어 있다면 좋겠지만 그렇다고 흐트러질 것이 두려워 조심만 하고 살 수도 없다. 때로는 낯선 길을 가게 되고 예상치 못한 상황을 맞닥뜨릴 수도 있다. 그때의 인연이 지속적인 관계로 이어질 수도 있고, 계획이 실패로 돌아간 듯하지만 실패는 계획할 때 고려하지 못한 또 하나의 상황으로 새롭게 나아갈 수도 있다. 적어도 나는 그랬던 것 같다.

요즘 직장 생활을 하는 친구들은 원치 않은 퇴직을 당한다. 아니면 반대로 대안이 없어 꾸역꾸역 직장에 다니기도 한다. 정년을 앞두고 100세 인생을 대체 어떻게 살아야 할지 막막하다는 하소연을 내게 늘어놓는 분들도 많다. 나도 친구들처럼 일반 기업에서 사회생활을 시작했다면 똑같은 걱정을 하고 있거나 열심히 살았는데 왜 이렇게 되었을까, 원망과 후회로 하루하루를 보내고 있을지도 모른다.

강사는 돈을 받아야 말을 하고, 받은 만큼만 말한다

출처도 없고 사석에서 웃자고 하는 말이라 시비 걸고 싶지 않다. 다만 모든 것을 '돈, 돈, 돈' 하는 세태에 강사도 편승하는 것이 불편할 뿐이다. 아무리 돈이 중요하다고 하더라도 그것을 입 밖으로 표현하는 강사는 재테크 분야 외에는 없을 것 같다. 대개는 더 나은 삶을 위해서 돈보다 더 중요한 것이 있다고 말할 텐데 정작 자신은 억대 강사임을 자랑하는 아이러니가 우스울 따름이다.

물론 근로자 중 1억 원 이상의 연봉을 받는 사람이 2.7퍼센트(39만 명)에 불과하니까 억대 강사를 평가 절하할 생각은 전혀 없다. 그런데 연예인 광고 모델로나 프로 운동선수 몸값이 수십억 원인 것에 비하면 그깟 억대 연봉이 내세울 만한 일도 아니다. 하지간 강사의 가장 매력적인 요소가 높은 소득임은 틀림없다. 3~4일만 강의를 해도 한 달 급여만큼 벌 수 있다. 다만 강사료는 강의력 외에도 강의 내용의 희소성, 현실에서의 적용 가능성, 강사의 경력, 현직, 교육 대상 등에 의해 결정되기 때문에 기대에 미치지 못하는 경우도 많다.

강사를 해볼까 고민하는 분들에게는 일확천금의 뜬구름 잡는 이야기보다 지나간 시간과 앞으로의 시간을 이어가는 차원에서 진지하게 생각해보길 바란다. 우선 직장에서의 산전수전이 강의 소재로 활용될 수 있기 때문에 준비가 용이하다. 혹시라도 금전적 투자가 크다면 실패에 대한 두려움이 크겠지만 종자돈이 거의 필요 없다. 그리고 무엇보다도 돈의 굴레를 벗어나 삶의 의미를 생생히 느끼며 살 수 있다.

미국 시애틀 매리너스 소속의 이대호 선수는 명실상부 프로다. 한국, 일본에 이어 야구의 본고장 미국에서도 이름 석 자를 팬들의 머리에 각인시켰으니 대단한 선수다. 하지만 그가 더욱더 빛나 보이는 것은 더 받은 몸값을 받아서가 아니라 훨씬 적은 돈에도 꿈을 선택했기 때문이다.

2016년 미국 시애틀 매리너스로 이적하며 받은 연봉은 48억 6800만 원이다. 엄청나게 큰돈이지만 그를 필요로 했던 일본 소프트뱅크에서는 3년간 183억 원을 제안했으니, 입이 딱 벌어진다. 그럼에도 그는 미국을 선택했고 "저의 오래된 꿈인 동시에 팬들의 꿈이기도 했습니다"라며 진정한 프로의 모습을 보여주었다.

그동안 메이저리거가 꿈이라고 말은 하면서도 안전한 선택을 해왔던 선수들에 비하면 확실히 용기 있는 선택이고 도전이다. 그가 일본에서의 안정된 주전 자리와 엄청난 부를 뒤로하고 실패할지도 모를 미국행을 감행한 것은 실력보다 꿈을 믿었기 때문이다.

즐기며 산다는 것

어떤 일을 함에 있어 '미치지 않으면 미칠 수 없다不狂不及'고 한다. 또한 '아는 것은 좋아하는 것만 못하고, 좋아하는 것은 즐기는 것만 못하다知之者 不如好之者, 好之者 不如樂之者'고도 한다.

즐기는 것이 쉬운 일이 아님은 당연하다. 세계적 골프선수인 리디아 고 Lydia Ko는 '심적 부담은 없다. 그저 랭킹 1위라는 게 재미있고 즐기려 한다'고 입버릇처럼 말해왔다. 하지만 그것은 어른들의 말을 녹음기처럼 재생한 것뿐이라고 고백하면서 박인비 선수의 인터뷰를 듣고 비로소 골프를 다시 생각하게 되었다고 한다.

박인비 선수는 "나는 바닥까지 가봤다. 골프를 그만두려고까지 했다. 그렇기 때문에 이젠 게임을 즐길 수 있다. 그래서 작은 슬럼프에도 동요하지 않는다. 요즘 어린 선수들은 각종 인터뷰에서 게임을 즐기려고 한다고 말한다. 진짜 즐기는 게 어떤 건지 알고 말하는지 궁금할 때가 있다"고 일갈했는데 리디아 고는 그 말이 자신에게 한 말 같았다고 한다.

실력은 돈으로 보상받을지 모르지만 돈이 그 사람의 전부는 아니다. 적은 연봉에도 탁월한 실력을 발휘해 연습생 신화를 쓴 선수도 있고, 엄청난 몸값에도 기대 이하의 실력으로 도태된 경우도 있다. 실력은 시간에 따라 변해간다.

높은 연봉에도 겸손함을 잃지 않는 선수가 있는가 하면 작은 성공에 도취하여 초심을 잃는 선수도 있다. 돈을 얼마나 버느냐는 강사로서 바쁨을 나타내는 척도일 뿐 좋은 강사인지 아닌지를 판단할 근거는 아니다. 나는 엄두가 나지 않아 해보지 못한 일이지만 정기적으로 교도소나 사회기관에 재능기부를 다니는 강사도 있다. 그분들에 비해 내가 더 바쁘다고 해서 더 좋은 강사라고 할 수는 없다(사실 내가 더 바쁘다는 근거도 없다. 그럴 거라 믿어야 마음이 편할 것 같아서다).

경제적 문제로부터 자유롭다고 제대로 살 수 있는 것이 아님을 부도덕한 특권층으로부터 보아왔다. 그리고 지금까지 큰돈을 벌기가 어렵다는 것을 알았다면 앞으로도 쉽지는 않을 테다. 그러니 이제부터라도 일에 미치고 인생을 즐기며 살아보자.

그것은 기술 배우듯 할 일이 아니다. 강사의 즐거움은 청중의 평가로 확인된다. 강의 전이 유난히 떨리고 두려운 순간이 있다. 그래서 더 많이 고민하고 준비한다. 강의를 마치고 만족스러워하는 청중을 볼 때 짜릿함을 느낀다면 강사로 사는 것이 얼마나 행복한 일인지 알게 될 것이다. 그러면 어느 순간, 당신도 강의에 중독되어 기분 좋게 미쳐가게 된다.

대한민국에서
강사로 산다는 것

초판 1쇄 발행   2016년 11월 8일

지 은 이   강래경
펴 낸 이   최용범
펴 낸 곳   페이퍼로드

기   획   이진아 콘텐츠 컬렉션
진   행   이혜재
편   집   박강민, 김종오
디 자 인   신정난
마 케 팅   정현우
경영지원   강은선

출판등록   제10-2427호(2002년 8월 7일)
주   소   서울시 마포구 연남로3길 72 2층
Tel (02)326-0328, 6387-2341 | Fax (02)335-0334
이 메 일   book@paperroad.net
홈페이지   http://paperroad.net
블 로 그   blog.naver.com/paperoad
포 스 트   http://post.naver.com/paperoad
페이스북   www.facebook.com/paperroadbook

I S B N   979-11-86256-44-2 (03320)

- 이 책은 저작권법에 따라 보호받는 저작물이므로 무단 전재와 무단 복제를 금합니다.
- 잘못 만들어진 책은 구입하신 서점에서 교환해드립니다.
- 책값은 뒤표지에 있습니다.